Berner Kommentar
Kommentar zum schweizerischen Privatrecht

Berner Kommentar

Kommentar zum schweizerischen Privatrecht

Begründet von † Prof. Dr. M. Gmür
Fortgeführt durch † Dr. Dr. h.c. H. Becker
Unter Mitwirkung von
Prof. Dr. E. Bucher in Bern; † Dr. W. Bühler; Prof. Dr. P. Forstmoser in
Zürich; Prof. Dr. H.-P. Friedrich in Basel; Dr. G. Gautschi, Rechtsanwalt
in Zürich; Prof. Dr. Dr. H. Giger, Rechtsanwalt in Zürich; a. Bundesrichter
Dr. S. Giovanoli in Lausanne; Dr. E. Götz, a. Vorsteher des
Zivilstandsamtes in Basel; Prof. Dr. C. Hegnauer in Zürich; † Prof. Dr.
Ed. His; Prof. Dr. H. Huber in Bern; † Prof. Dr. P. Jäggi; † Dr. A. Janggen;
Prof. Dr. K. Käfer in Zürich; Prof. Dr. M. Kummer in Bern; a. Bundesrichter
Dr. P. Lemp in Lausanne; Prof. Dr. P. Liver in Bern; Prof. Dr.
A. Meier-Hayoz in Zürich; Prof. Dr. H. Merz in Bern; † Prof. Dr.
P. Mutzner; Prof. Dr. V. Picenoni, Rechtsanwalt in Zürich; Prof. Dr.
H. M. Riemer in Zürich; Dr. M. Schaetzle, Rechtsanwalt in Bern;
Prof. Dr. E. W. Stark in Zürich; a. Bundesrichter Dr. W. Stauffer in
Lausanne; † Prof. Dr. P. Tuor; a. Bundesrichter Dr. A. Ziegler in Lausanne

Herausgegeben von
Dr. Arthur Meier-Hayoz
Professor der Rechte in Zürich

Band VI
Das Obligationenrecht

Verlag Stämpfli & Cie AG, Bern 1979

Schweizerisches Zivilgesetzbuch

Das Obligationenrecht

2. Abteilung
Die einzelnen Vertragsverhältnisse

1. Teilband
Kauf und Tausch – Die Schenkung

1. Abschnitt
Allgemeine Bestimmungen – Der Fahrniskauf
Artikel 184–215 OR

Erläutert von
Professor Dr. iur. Dr. phil. Hans Giger
Rechtsanwalt in Zürich

Verlag Stämpfli & Cie AG, Bern 1979

Der Band ist in drei Lieferungen erschienen:

Lieferung 1, Art. 184–188 OR, 1973, Judikatur und
Literatur nachgeführt bis Ende 1972;

Lieferung 2, Art. 189–210 OR, 1977, Judikatur und
Literatur nachgeführt bis Ende 1976;

Lieferung 3, Art. 211–215 OR, 1979, Judikatur und
Literatur nachgeführt bis Ende 1977.

©

Verlag Stämpfli & Cie AG, Bern 1979

Alle Rechte vorbehalten, insbesondere auch das Recht der ganzen oder
teilweisen Vervielfältigung auf dem Wege der Photokopie, der Mikrokopie
oder eines ähnlichen Verfahrens.

Rechnergesteuerter Filmsatz, Offsetdruck und Buchbinderarbeit
Stämpfli & Cie AG, Bern
Printed in Switzerland
ISBN 3-7272-3160-2

Vorwort

Seit der letzten Bearbeitung von Kauf, Tausch und Schenkung im Berner Kommentar durch Dr. H. Becker sind fünfundvierzig Jahre vergangen. Vieles hat sich geändert, vieles ist hinzugekommen, einiges weggefallen. Fakten, Bedürfnisse und Ziele haben sich im Lauf dieser langen Zeit teilweise völlig gewandelt. Eine blosse Überarbeitung des alten Kommentars hätte somit bei weitem nicht genügt. Es drängte sich stattdessen eine *eigene Gestaltung im Sinne einer vollständig neuen Konzeption* auf. Dazu beigetragen hat die reiche Ernte der seit 1934 aus Schrifttum und Gerichtspraxis hervorgegangenen, gesammelten und ausgewerteten Ideen.

Der Kauf ist das Kernstück des Besonderen Teils des Obligationenrechts. Seine zentrale Bedeutung für das Vertragssystem verdankt er der Allgegenwart im täglichen Leben. Das hat den Gesetzgeber bewogen, die Kaufabrede als eine Art Prototyp rechtsgeschäftlicher Beziehungen darzustellen: Diese Materie enthält Vorschriften, die für das gesamte Vertragsrecht gelten. Deshalb dient Art. 184 als normative Ausgangslage für einen eigentlichen *Allgemeinen Teil des Kaufrechts*.

Auch die nachfolgenden Bestimmungen enthalten offene oder bisher nicht befriedigend geklärte Fragen: Kann man auf die Konstruktion eines «dinglichen Vertrags» verzichten und den Übereignungswillen als Wesensmerkmal des obligatorischen Grundgeschäfts bezeichnen? Welche Rechtsfolgen hat die Unterscheidung zwischen Übergabe und Ablieferung? Wann ist die Besitzverschaffungspflicht gehörig erfüllt? Kann die Einräumung eines faktischen Vorteils wie Goodwill und Know-how Gegenstand der Besitzverschaffung sein? In was für einem Verhältnis stehen Hauptpflichten, Nebenpflichten und Obliegenheiten? Was passiert, wenn sie vernachlässigt werden? Gehört die Verpackung zur Ware? Woraus leitet sich die Pflicht zur Nachlieferung von Ersatzbestandteilen ab? Wie verhält es sich, wenn resolutivbedingt verkauft wird und der Käufer die Sache vor Bedingungseintritt an einen gut- oder bösgläubigen Dritten weiterveräussert? Ist eine unter Eigentumsvorbehalt erworbene Sache bei Übergabe oder Bezahlung des Kaufpreises von der dinglichen Beschränkung zu befreien? Hat der Richter auf erfolgreich erhobene Einrede des nichterfüllten Vertrags die Klage abzuweisen, «zur Zeit» abzuweisen, oder ein beschränktes bzw. suspensivbedingtes Leistungsurteil zu fällen? Wann sind Gegenstand und Preis bestimmbar?

Den wohl wichtigsten Teil bildet die Rechts- und Sachgewährleistungsordnung mit ihren vielfältigen Beziehungen zu verwandten Materien. Sie war und ist Anlass reger juristischer Auseinandersetzung. Welche Rechtsbehelfe hat der Käufer einer mangelhaften Sache? Muss er sich mit einer aus der Vielzahl möglicher Varianten begnügen? Wie steht es mit der Einhaltung der Formalien? Obsiegen oder Unterliegen im Prozess kann von der Beantwortung solcher Fragen abhängen. Unbestreitbar gehört daher die Analyse des Verhältnisses zwischen Sachgewährleistung (Art. 197 ff) und nichtgehöriger Erfüllung (Art. 97) zu den vitalsten praktischen Problemen. Zwar bejaht das von der neueren schweizerischen Doktrin unterstützte Bundesgericht die konkurrierende Anwendung der beiden Rechtsbehelfe grundsätzlich. Es verlangt jedoch Einhaltung der strengen Formalien des Sachgewährleistungsrechts ebenfalls im Bereich der nichtgehörigen Erfüllung; ein folgenschwerer Entscheid, der das allgemeine Institut der nichtgehörigen Erfüllung einer Sonderordnung (Art. 197) unterwirft! Es war ein dringendes Anliegen, eine normgerechtere Lösung zu suchen. Sie ist in der Erkenntnis zu finden, dass die strikten Formvorschriften des Sachgewährleistungsrechts nichts anderes sind als ein logisch zwingendes Äquivalent für die Kausalhaftung. Wer gegen sie verstösst, büsst nicht den Anspruch ein, sondern fällt nur unter das rigorosere Regime der Verschuldenshaftung von Art. 97.

Völlig neu durchdacht werden musste sodann der Annahmeverzug (Art. 211) mit seinen vielschichtigen Problemen und Konsequenzen. Haben wir es mit einer echten Pflicht oder mit einer Obliegenheit zu tun? Ist zwischen «anzunehmen» (Abs. 1) und «Empfangnahme» (Abs. 2) zu unterscheiden? Welche Beweislastregeln gelten? Die Bestimmung des Kaufpreises (Art. 212) gibt vorab Anlass zu Betrachtungen über Bedeutung, Begriff und Rechtsnatur von Ware und Verpackung. Eigentliche Schwerpunkte bilden ferner die Überlegungen zur Verzugsfolgeordnung (Art. 214) und der Schadenersatzberechnung (Art. 215). Das mag als punktuelle Hinweise genügen. Herrn Rechtsanwalt lic. iur. Robert Simmen gebührt für sein Mitwirken an der zweiten und dritten Lieferung mein bester Dank. Anerkennung verdient auch die Betreuung des Sachregisters durch Herrn lic. iur. Jürg Nef.

Der vorliegende Band besteht aus drei Lieferungen: *1972* über die Art. 184 bis 189, *1977* die Art. 189 bis 210 und *1979* Art. 210 bis und mit 215 betreffend. *Damit ist das Gebiet des Fahrniskaufs abgeschlossen.* Weitere Bände über den Grundstückkauf, die besonderen Arten des Kaufs sowie über Tausch und Schenkung werden folgen.

Zürich, im März 1979 HANS GIGER

Verzeichnis der Abkürzungen

A.	Auflage
a. A.	am Anfang
a. a. O.	am angeführten Ort
ABGB	Allgemeines Bürgerliches Gesetzbuch für Österreich, vom 1. Juni 1811
Abs.	Absatz
Abt.	Abteilung
AcP	Archiv für die civilistische Praxis (Heidelberg 1820 ff; Tübingen 1878 ff; NF 1923 ff)
a. E.	am Ende
AGB	Allgemeine Geschäftsbedingungen
AGVE	Aargauische Gerichts- und Verwaltungsentscheide (Aarau 1947 ff; früher = VAR)
AHGB	Allgemeines Deutsches Handelsgesetzbuch, vom 31. Mai 1861
ALR	Allgemeines Landrecht für die preussischen Staaten, vom 5. Februar 1794
a. M.	anderer Meinung
Anm.	Anmerkung
ArchBürgR	Archiv für Bürgerliches Recht (Berlin 1889–1919)
aOR	altes schweizerisches Obligationenrecht = BG über das Obligationenrecht, vom 14. Brachmonat 1881
Art.	Artikel
AS	Eidgenössische Gesetzessammlung (Bern 1848 ff), seit 1948: «Sammlung der eidgenössischen Gesetze»
BB (auch Betr. Ber.)	Der Betriebs-Berater (Heidelberg 1946 ff)
Bbl	Bundesblatt
Bd.	Band
BE	Kanton Bern
Betr. Ber. (auch BB)	Der Betriebs-Berater (Heidelberg 1946 ff)
Betrieb	Der Betrieb (Zeitschrift)
BG	Bundesgesetz (mit Datum der Annahme durch die Bundesversammlung)
BGB	Bürgerliches Gesetzbuch für das Deutsche Reich, vom 18. August 1896
BGE	Entscheidungen des Schweizerischen Bundesgerichts. Amtliche Sammlung (Lausanne 1875 ff)
BGH	deutscher Bundesgerichtshof
BGHZ	Entscheidungen des deutschen Bundesgerichtshofes in Zivilsachen (Detmold 1951 ff)
BJM	Basler Juristische Mitteilungen (Basel 1954 ff)
BlHE	Blätter für handelsrechtliche Entscheidungen (Zürich 1882–1901)
BLR	Bayerisches Landrecht
BlSchK	Blätter für Schuldbetreibung und Konkurs (1937 ff)
Botsch	Botschaften des Bundesrates an die Bundesversammlung betreffend die Ergänzung des Entwurfs eines schweizerischen Zivilgesetzbuches durch Anfügung des Obligationenrechtes und der Einführungsbestimmungen, vom 3. März 1905 / 1. Juni 1909
BRB	Bundesratsbeschluss
BS	Bereinigte Sammlung der Bundesgesetze und Verordnungen 1848–1947 (Bern 1949–1955)

BS AGE	Entscheidungen des Appellationsgerichtes des Kantons Basel-Stadt
BV	Bundesverfassung der Schweizerischen Eidgenossenschaft, vom 29. Mai 1874
B.W.	Burgerlijk Wetboek, vom 10. April 1838
bzw.	beziehungsweise
CCfr	Code civil français, vom 21. März 1804, mit seitherigen Änderungen
CCit	Codice civile italiano, vom 16. März 1942
ders.	derselbe (Autor)
d.h.	das heisst
Diss	Dissertation (thèse)
DJZ	Deutsche Juristenzeitung (Berlin 1896–1936)
E	Entwurf
EG	Kantonales Einführungsgesetz (ohne bes. Angabe jenes zum OR)
EKG	Einheitliches Gesetz über den internationalen Kauf beweglicher Sachen, vom 17. Juli 1973
Erw	Erwägung
ExpKom	Expertenkommission
f(ff)	und nächstfolgende Seite(n)/Note(n) bzw. und nächstfolgende(r) Artikel
GBV	Verordnung betreffend das Grundbuch, vom 22. Februar 1910
GG	Grundgesetz für die Bundesrepublik Deutschland, vom 23. Mai 1949
gl. M.	gleicher Meinung
GruchBeitr.	Beiträge zur Erläuterung des deutschen Rechts, begründet von Gruchot (Berlin 1872–1933)
GrünhutsZ	Zeitschrift für das Privat- und öffentliche Recht, begründet von GRUENHUT (Wien 1874–1916)
GRUR	Gewerblicher Rechtsschutz und Urheberrecht (Weinheim 1896 ff)
hg.	herausgegeben
HGB	Handelsgesetzbuch für das Deutsche Reich, vom 10. Mai 1897, mit seitherigen Änderungen
i.e.S.	im engeren Sinne
i.S.v.	im Sinne von
i.w.S.	im weiteren Sinne
JBl	Juristische Blätter (Wien 1872–1938 und 1946 ff)
Jher.Jahrb.	Jherings Jahrbücher für die Dogmatik (Jena 1857 ff; NF 1874–1943)
JT	Journal des Tribunaux (Lausanne 1853 ff)
JuS	Juristische Schulung. Zeitschrift für Studium und Ausbildung (München 1961 ff)
JW	Juristische Wochenschrift (Berlin 1885 ff, Leipzig 1899–1939)
JZ	Juristen-Zeitung (Tübingen 1951 ff)
KG	Kammergericht
LG	Landgericht
Lit.	Literatur
LM	LINDENMAIER/MÖHRING, Nachschlagewerk des Bundesgerichtshofs (vgl. allg. Literaturverzeichnis)
LMO	Lebensmittelverordnung, vom 26. Mai 1936
LZ	Leipziger Zeitschrift für deutsches Recht (München/Berlin/Leipzig)
MaschDiss	nicht gedruckte Dissertation in Maschinenschrift
m.a.W.	mit anderen Worten
MDR	Monatsschrift für Deutsches Recht (Hamburg 1947 ff)
N	Note (Fussnote oder Randnote)

NF	Neue Folge
NJW	Neue Juristische Wochenschrift (München und Berlin 1948 ff)
OG	BG über die Organisation der Bundesrechtspflege, vom 16. Dezember 1943
OGer	Obergericht
OLG	Oberlandesgericht
OLGZ	Die Rechtsprechung der Oberlandesgerichte auf dem Gebiete des Zivilrechts (Leipzig 1900–1928)
OR	revidiertes Schweizerisches Obligationenrecht = BG über das Obligationenrecht, vom 30. März 1911/18. Dezember 1936
PatG	BG betreffend die Erfindungspatente, vom 25. Juni 1954 (Patentgesetz)
PGB	Privatrechtliches Gesetzbuch für den Kanton Zürich, von 1853–1855
PKG	Die Praxis des Kantonsgerichtes Graubünden (Chur 1942 ff; früher = GVP)
Pra	Die Praxis des Schweizerischen Bundesgerichtes (Basel 1912 ff)
R	Revue der Gerichtspraxis im Gebiete des Bundescivilrechts (1883–1906)
RabelsZ	Zeitschrift für ausländisches und internationales Privatrecht (Berlin 1927–1942, 1949 ff)
Recht	Das Recht. Rundschau für den deutschen Juristenstand (Hannover 1897 ff)
Rep	Repertorio di Giurisprudenza patria (Bellinzona 1869 ff)
RG	Deutsches Reichsgericht
RGR-Komm.	Das Bürgerliche Gesetzbuch. Kommentar hg. von Reichsgerichtsräten und Bundesrichtern (11. A.)
RGZ	Entscheidungen des Deutschen Reichsgerichts in Zivilsachen (Leipzig 1880–1943)
ROHG	Entscheidungen des Reichsoberhandelsgerichts (Stuttgart 1877 ff)
RVJ	Revue valaisanne de Jurisprudence
S.	Seite
s.	siehe
SAG	Die Schweizerische Aktiengesellschaft (Zürich 1928 ff)
SchKG	BG betreffend Schuldbetreibung und Konkurs, vom 11. April 1889/28. September 1949 (Schuldbetreibungs- und Konkursgesetz)
SchlT	Schlusstitel
Sem (= Semjud)	La Semaine Judiciaire (Genf 1879 ff)
SeuffA	Seufferts Archiv für Entscheidungen der obersten Gerichte in den deutschen Staaten (München/Berlin 1847–1944)
SeuffBl	Seufferts Blätter für Rechtsanwendung in Bayern
SJIR	Schweizerisches Jahrbuch für internationales Recht (Zürich 1944 ff)
SJK	Schweizerische Juristische Kartothek (Genf 1941 ff)
SJZ	Schweizerische Juristen-Zeitung (Zürich 1904 ff)
StenBullNR	Amtliches Stenographisches Bulletin der Bundesversammlung, Nationalrat
StenBullStR	Amtliches Stenographisches Bulletin der Bundesversammlung, Ständerat
StGB	Schweizerisches Strafgesetzbuch, vom 21. Dezember 1937
SVG	Bundesgesetz über den Strassenverkehr, vom 19. Dezember 1958 (Strassenverkehrsgesetz)
Syst. Teil	Systematischer Teil
SZ	Zeitschrift der Savigny-Stiftung für Rechtsgeschichte, romanistische Abt. (Weimar)
u. a.	unter anderem
u. a. m.	und andere(s) mehr
Urt.	Urteil

VAR	Vierteljahresschrift für aargauische Rechtsprechung (Aarau 1901–1945; später = AGVE)
Verf.	Verfasser
vgl.	vergleiche
VO	Verordnung
Vorb.	Vorbemerkung(en)
VVO	Vollziehungsverordnung
VVG	BG über den Versicherungsvertrag, vom 2. April 1908 (Versicherungsvertragsgesetz)
WarnR	Warneyers Rechtsprechung des Reichsgerichts auf dem Gebiete des Zivilrechts
WRG	BG über die Nutzbarmachung der Wasserkräfte, vom 22. Dezember 1916
z. B.	zum Beispiel
ZBGR	Schweizerische Zeitschrift für Beurkundungs- und Grundbuchrecht (Wädenswil 1920 ff)
ZBJV	Zeitschrift des Bernischen Juristenvereins (Bern 1865 ff)
Zbl	Zentralblatt für Staats- und Gemeindeverwaltung (Zürich 1900 ff)
ZGB	Schweizerisches Zivilgesetzbuch, vom 10. Dezember 1907
ZGR	Zeitschrift für Unternehmens- und Gesellschaftsrecht
ZH	Kanton Zürich
ZHR	Zeitschrift für das gesamte Handels- und Konkursrecht (Stuttgart 1858 ff)
Ziff.	Ziffer
zit.	zitiert
ZPO	Zivilprozessordnung
ZR	Blätter für zürcherische Rechtsprechung (Zürich 1902 ff)
ZSR	Zeitschrift für Schweizerisches Recht (Basel 1852 ff; NF Basel 1882 ff; die Bandnummern beziehen sich stets auf die neue Folge)

Literaturverzeichnis

Die nachfolgend aufgeführten Werke werden im ganzen Kommentar nur mit dem Verfassernamen und – falls erforderlich – einem präzisierenden Zusatz angeführt. Sonderliteratur findet sich im Verzeichnis, das dem jeweiligen Artikel vorangestellt ist.

BAUDRY/LACANTINERIE/SAIGNAT: Traité Théorique et Pratique de Droit Civil, Bd. 19: De la vente et de l'échange (3. A. Paris 1908).
BECHMANN, AUGUST: Der Kauf nach gemeinem Recht, 3. Theil 1. Hälfte (Leipzig 1905).
BECKER, HERMANN: Berner Kommentar; Obligationenrecht, Die einzelnen Vertragsverhältnisse (Bern 1934).
– Berner Kommentar; Obligationenrecht, Allgemeine Bestimmungen (2. A. Bern 1941–1945).
BESS, JÜRGEN: Die Haftung des Verkäufers für Sachmängel und Falschlieferungen im Einheitlichen Kaufgesetz im Vergleich mit dem englischen und deutschen Recht (Heidelberg 1971).
BLUM/PEDRAZZINI: Das schweizerische Patentrecht. Kommentar zum BG betreffend die Erfindungspatente vom 25. Juni 1954, 3 Bde. (Bern 1957–1961; jetzt 2. A. Bern 1975).
BOLLER, PETER: Beiträge zur Unterscheidung von Kauf und Pacht (Diss Zürich 1948).
BRÜGGEMANN: Kommentar zum Handelsgesetzbuch. Grosskommentar, Bd. IV §§ 377–382 (3. A. Berlin 1970).
BRUHIN, EGON: Der Kindskauf (Diss Zürich 1965).
VON BÜREN, BRUNO: Schweizerisches Obligationenrecht, Allgemeiner Teil (Zürich 1964).
– Schweizerisches Obligationenrecht, Besonderer Teil (Zürich 1972).
CAVIN, PIERRE: Kauf, Tausch und Schenkung, in: Schweizerisches Privatrecht VII/1: Obligationenrecht – Besondere Vertragsverhältnisse (Basel und Stuttgart 1977) 1 ff.
DALLOZ: Nouveau Répertoire de Droit, publié sous la direction de E. Vergé et R. de Ségogne, Bd. IV (2. A. Paris 1965).
DERNBURG, HEINRICH: Die Schuldverhältnisse nach dem Rechte des Deutschen Reichs und Preussens, Bd. II, 2. Abt.: Einzelne Obligationen (3. A. Halle a. S. 1906).
– System des Römischen Rechts, bearbeitet von Sokolowski (8. A. Berlin 1911).
DÜRINGER/HACHENBURG: Kommentar zum Handelsgesetzbuch für das Deutsche Reich, Bd. V/1 §§ 373–382 (3. A. Mannheim/Berlin/Leipzig 1932).
ENGEL, PIERRE: Traité des obligations en droit suisse. Dispositions générales du CO (Neuchâtel 1973).
ENNECCERUS/LEHMANN: Ludwig Enneccerus, Theodor Kipp, Martin Wolff: Lehrbuch des Bürgerlichen Rechts, Bd. II: Recht der Schuldverhältnisse (15. Bearbeitung von LEHMANN, Tübingen 1958).
FERID, MURAD: Das französische Zivilrecht, 2 Bde. (Frankfurt/Berlin 1971).
FURRER, ROLF: Beitrag zur Lehre der Gewährleistung im Vertragsrecht (Diss Zürich 1973).
GAUTSCHI, GEORG: Berner Kommentar; Der Kreditbrief und der Kreditauftrag, der Mäklervertrag, der Agenturvertrag, die Geschäftsführung ohne Auftrag (Bern 1964).
VON GIERKE, OTTO: Deutsches Privatrecht, Bd. III: Schuldrecht (München und Leipzig 1917).
GIGER, HANS: Der Sparkaufvertrag (2. A. Winterthur 1961).
– Systematische Darstellung des Abzahlungsrechts, unter besonderer Berücksichtigung von Fernkurs-, Unterrichts-, Mietkauf- und Leasingvertrag (Zürich 1972).
– Der Leasingvertrag. Systematische Darstellung unter besonderer Berücksichtigung des Finanzierungsleasing (Bern 1977).
GIGER/SCHLEGEL: Kommentar zum Strassenverkehrsgesetz. Zivilrechtlicher Teil (3. A. Zürich 1974; Ergänzungsbeilage 1976).
GUHL/MERZ/KUMMER: Theo Guhl, Hans Merz, Max Kummer: Das Schweizerische Obligationenrecht (6. A., Zürich 1972).

GULDENER, MAX: Schweizerisches Zivilprozessrecht (2. A. Zürich 1958; II. Supplement, mitenthaltend das Supplement I, 2. A. Zürich 1964).
HAAB, ROBERT: Zürcher Kommentar; Sachenrecht (2. A. Zürich 1929 bis 1937); Lieferungen 1–6 (S. 1–576).
HAAB/SCHERRER: 8./9. Lieferung des von HAAB begonnenen Kommentars (S. 690–845, Zürich 1953).
HAAB/SIMONIUS: 7. Lieferung des von HAAB begonnenen Kommentars (S. 577–689, Zürich 1948).
HAFNER, H.: Das Schweizerische Obligationenrecht mit Anmerkungen, 3 Teile (Zürich 1896–1905).
HECK, PHILIPP: Grundriss des Schuldrechts (Tübingen 1929).
HOMBERGER: Zürcher Kommentar zum Sachenrecht; Besitz und Grundbuch (2. A. Zürich 1938).
HUBER, HANS: Berner Kommentar; Einleitungsband (Bern 1962) Art. 6 ZGB.
HUBER, EUGEN: System und Geschichte des Schweizerischen Privatrechtes, 4 Bde. (Basel 1886–1893).
INCOTERMS 1953: Internationale Regeln für die Auslegung der handelsüblichen Vertragsformeln, hg. von der Internationalen Handelskammer, Nr. 166 (4. A. Paris 1969).
JÄGGI, PETER: Berner Kommentar; Einleitungsband (Bern 1962) Art. 3.
JANGGEN/BECKER: Berner Kommentar; Die Gesellschaft mit beschränkter Haftung (Bern 1939).
KASER, MAX: Das römische Privatrecht; 1. Abschnitt: Das altrömische, das vorklassische und klassische Recht (2. A. München 1971).
KELLER, HEINZ: Allgemeine Geschäftsbedingungen (Bern 1970).
KLANG/GSCHNITZER: Kommentar zum Allgemeinen Bürgerlichen Gesetzbuch, Bd. IV/1 §§ 859–1044 (Wien 1968).
LARENZ, KARL: Lehrbuch des Schuldrechts; Bd. I Allgemeiner Teil (10. A. München 1970); Bd. II Besonderer Teil (10. A. München 1972).
LAUPICHLER, EKKEHART: Die aliud-Lieferung beim Kauf (Diss Köln 1964).
LEEMANN, HANS: Berner Kommentar; Das Eigentum (2. A. Bern 1920).
LEONHARD, FRANZ: Das Schuldrecht des BGB; Bd. I Allgemeines Schuldrecht (München/Leipzig 1929); Bd. II Besonderes Schuldrecht (München/Leipzig 1931).
LINDENMAIER/MÖHRING: Nachschlagewerk des Bundesgerichtshofs (München/Berlin, versch. Erscheinungsjahre).
LIVER, PETER: Berner Kommentar; Einleitungsband (Bern 1962) Art. 5 ZGB.
MAZEAUD, HENRI, LÉON et JEAN: Leçons de droit civil, tome III 3e éd. par JUGLART, vol. II Principaux contrats (Paris 1968).
MEIER-HAYOZ, ARTHUR: Berner Kommentar; Einleitungsband (Bern 1962) Art. 1 ZGB.
– Berner Kommentar; Das Eigentum. Das Grundeigentum I, Art. 655–679 (Bern 1964).
– Berner Kommentar; Das Eigentum. Systematischer Teil und Allgemeine Bestimmungen, Art. 641–654 (4. A. Bern 1966).
MERTENS/REHBINDER: Internationales Kaufrecht. Kommentar zu den Einheitlichen Kaufgesetzen (Frankfurt a. M. 1975).
MERZ, HANS: Berner Kommentar; Einleitungsband (Bern 1962) Art. 2 ZGB.
MUNZINGER, WALTHER: Motive zum Entwurfe eines schweizerischen Handelsrechtes (Bern 1865).
OERTMANN, PAUL: Recht der Schuldverhältnisse; Kommentar zum Bürgerlichen Gesetzbuch, 2 Bde. (5. A. Berlin 1928/1929).
OFTINGER, KARL: Zürcher Kommentar; Das Fahrnispfand (2. A. Zürich 1952).
– Schweizerisches Haftpflichtrecht, Bd. I: Allgemeiner Teil (3. unveränderte A. Zürich 1969, nunmehr 4. A. Zürich 1975).
– Bundesgerichtspraxis zum Allgemeinen Teil des Schweizerischen Obligationenrechts (2. A. Zürich 1973).
OSER, HUGO: Zürcher Kommentar; Das Obligationenrecht (Zürich 1915).
OSER/SCHÖNENBERGER: Zürcher Kommentar; Obligationenrecht, Allg. Teil (2. A. Zürich 1929); Die einzelnen Vertragsverhältnisse (2. A. 1. Halbband Zürich 1936, 2. Halbband Zürich 1945).

OSTERTAG: Berner Kommentar zum Sachenrecht; Besitz und Grundbuch (2. A. Bern 1917).
PALANDT/GRAMM: Kurzkommentar zum Bürgerlichen Gesetzbuch, Einzelne Schuldverhältnisse, bearbeitet von GRAMM (25. A. München und Berlin 1966).
PLANCK: Kommentar zum Bürgerlichen Gesetzbuch, Bd. II: Recht der Schuldverhältnisse, 1. Hälfte Allgemeiner Teil, bearbeitet von SIBER; 2. Hälfte Besonderer Teil (4. A. Berlin/Leipzig 1914/1928).
PLANIOL/RIPERT: Traité pratique de Droit Civil Français, 14 Bde. (Paris 1925 ff).
RABEL, ERNST: Das Recht des Warenkaufs. Eine rechtsvergleichende Darstellung, Bd. I (unveränderter Neudruck der Ausgabe von 1936, Berlin 1957); Bd. II unter Mitwirkung von VON DOHNANYI und KÄSER (Berlin/Tübingen 1958).
RIESE, OTTO: Über die Vorarbeiten zur internationalen Vereinheitlichung des Kaufsrechts, in Festschrift für Hans Lewald (Basel 1963) 561 ff.
ROSSEL, VIRGILE: Manuel du droit fédéral des obligations, 2 Bde. (4. A. Lausanne/Genève 1920).
SCHLEGELBERGER: Handelsgesetzbuch, erläutert von ERNST GESSLER, WOLFGANG HEFERMEHL, WOLFGANG HILDEBRANDT und GEORG SCHRÖDER, Bd. 3 (3. A. Berlin 1956).
SCHNEIDER/FICK: Das Schweizerische Obligationenrecht mit allgemein fasslichen Erläuterungen (2. A. Zürich 1896).
– Das Schweizerische Obligationenrecht vom 30. März 1911, Bd. I Titel 1–22 mit leichtfasslichen Erläuterungen (Zürich 1915).
SCHÖNENBERGER/JÄGGI: Zürcher Kommentar; Das Obligationenrecht. Einleitung, Internationales Privatrecht (3. A. Zürich 1961).
SOERGEL/SIEBERT/ jeweiliger Bearbeiter: Hs. TH. SOERGEL und W. SIEBERT, Kommentar zum Bürgerlichen Gesetzbuch mit Einführungsgesetz und Nebengesetzen, 8 Bde. (10. A. Stuttgart/Berlin/Köln/Mainz 1967–1971); §§ 243 ff bearbeitet von SCHMIDT; §§ 433 ff bearbeitet von BALLERSTEDT.
SPIRO, KARL: Über den Gerichtsgebrauch zum allgemeinen Teil des revidierten Obligationenrechts (Basel 1948).
– Die Begrenzung privater Rechte durch Verjährungs-, Verwirkungs- und Fatalfristen (2 Bde., Bern 1975).
STARK, EMIL W.: Berner Kommentar; Besitz und Grundbuch, 1. Teilband: Der Besitz, Art. 919–941 (Bern 1976).
STAUBS Kommentar zum Handelsgesetzbuch, bearbeitet von KOENIGE, PINNER und BONDI, Bd. IV §§ 376–473 (12./13. A. Berlin 1927).
STAUDINGER/jeweiliger Bearbeiter: J. VON STAUDINGER, Kommentar zum Bürgerlichen Gesetzbuch mit Einführungsgesetz und Nebengesetzen, mehrbändig (11. A. Berlin 1955 ff); §§ 1–240 bearbeitet von COING; §§ 328–361 bearbeitet von KADUK; §§ 433–534 bearbeitet von OSTLER.
TROLLER, ALOIS: Immatrialgüterrecht, 2 Bde. (2. A. Basel 1968/1971).
VON TUHR, ANDREAS: Streifzüge im revidierten Obligationenrecht, in: SJZ *18* 1921/22 365 ff.
VON TUHR/SIEGWART: Allgemeiner Teil des Schweizerischen Obligationenrechts, Bd. I und II (2. A. Zürich 1942 und 1944).
VON TUHR/SIEGWART/ESCHER: Allgemeiner Teil des Schweizerischen Obligationenrechts, Bd. II unter Mitarbeit von H. SCHULIN (3. A. Zürich 1974).
VON TUHR/SIEGWART/PETER: Allgemeiner Teil des Schweizerischen Obligationenrechts, Bd. I/1+2 unter Mitarbeit von H. SCHULIN (3. A. Zürich 1974/79).
TUOR/SCHNYDER: Peter Tuor: Das Schweizerische Zivilgesetzbuch. 8. A., bearbeitet von SCHNYDER und hg. von JÄGGI (8. A. Zürich 1968).
VISCHER, FRANK: Internationales Vertragsrecht. Die kollisionsrechtlichen Regeln der Anknüpfung bei internationalen Verträgen (Bern 1962).
WALDER, HERMANN: Veräusserung und Erwerb eines in der Form der Aktiengesellschaft bestehenden Unternehmens nach schweizerischem Recht (Zürich 1959).
WIELAND, KARL: Kommentar zum Sachenrecht (Zürich 1909).

WINDSCHEID, BERNHARD: Lehrbuch des Pandektenrechtes (7. A.).
WINDSCHEID/KIPP: Lehrbuch des Pandektenrechts, 3 Bde. (9. A. Frankfurt a. M. 1906).
WYNIGER, CHARLES: Vom Alleinverkaufsvertrag, insbesondere im internationalen Privatrecht der Schweiz (Diss Bern 1963).
ZITELMANN, ERNST: Das Recht des bürgerlichen Gesetzbuches. Allgemeiner Teil (Leipzig 1900).

Art. 211

C. Verpflichtungen des Käufers
I. Zahlung des Preises und Annahme der Kaufsache

¹ Der Käufer ist verpflichtet, den Preis nach den Bestimmungen des Vertrages zu bezahlen und die gekaufte Sache, sofern sie ihm von dem Verkäufer vertragsgemäss angeboten wird, anzunehmen.
² Die Empfangnahme muss sofort geschehen, wenn nicht etwas anderes vereinbart oder üblich ist.

C. Obligations de l'acheteur
I. Paiement du prix et acceptation de la chose

¹ L'acheteur est tenu de payer le prix conformément aux clauses du contrat et d'accepter la chose vendue, pourvu qu'elle lui soit offerte dans les conditions stipulées.
² Sauf usage ou convention contraire, la réception doit avoir lieu immédiatement.

C. Obblighi del compratore
I. Pagamento del prezzo e ricevimento della cosa

¹ Il compratore è tenuto a pagare il prezzo in conformità alle clausole del contratto, ed a ricevere la cosa quando gli venga offerta dal venditore nei modi e termini pattuiti.
² Salvo patto od uso contrario, il ricevimento deve aver luogo immediatamente.

Übersicht

	Note	Seite
Materialien	1	612
Literatur	2	612
Rechtsvergleichung	3	613
A. *Systematische, begriffliche und inhaltliche Zusammenhänge: Übersicht*	4	613
B. *Deklaratorische Natur der Verpflichtung zur Kaufpreiszahlung*	7	614
C. *Inhaltliche Bedeutung, Begriff und Rechtsnatur von Annahme und Empfangnahme*	8	614
I. Problemstellung	8	614
II. Inhaltliche und begriffliche Differenzierung zwischen Annahme und Empfangnahme	10	615
1. Auslegung nach dem Wortsinn	10	615
2. Historische Auslegung	12	616
3. Gesetzestechnische Auslegung	14	617
4. Logische Auslegung	15	617
5. Teleologische Auslegung	18	618
III. Inhaltliche Bedeutung, Begriff und Rechtsnatur der Annahme	19	619
1. Inhalt der Annahmehandlung gemäss Art. 211 I	19	619

	Note	Seite
2. Begriff der «Annahme als Erfüllung»	20	619
3. Rechtsnatur der Annahme: Obliegenheitscharakter	21	620
IV. Inhaltliche Bedeutung, Begriff und Rechtsnatur der Empfangnahme	26	623
1. Inhalt der Empfangnahme gemäss Art. 211 II	26	623
2. Begriff der Empfangnahme	28	623
3. Rechtsnatur der Empfangnahme: Obliegenheitscharakter	29	624
V. Voraussetzungen von Empfangnahme und Annahme	38	627
1. Vorbemerkungen	38	627
2. Voraussetzungen der Empfangnahme	40	627
3. Voraussetzungen der Annahme	46	629
VI. Zeitpunkt von Empfangnahme und Annahme	49	630
1. Vorbemerkungen	49	630
2. Zeitpunkt der Empfangnahme: Grundsatz	52	631
3. Zeitpunkt der Annahme: Grundsatz	54	631
4. Abweichungen vom Grundsatz	57	632
VII. Rechtsfolgen der Empfangnahme- und Annahmeverweigerung	58	633
1. Vorbemerkungen	58	633
2. Rechtsfolgen der Empfangnahmeverweigerung	60	633
a) Bei Obliegenheitscharakter	60	633
b) Bei Pflichtcharakter	64	634
3. Rechtsfolgen der Annahmeverweigerung	66	634
a) Bei Obliegenheitscharakter	66	634
b) Bei Pflichtcharakter	72	636
VIII. Beweislastverteilungsregeln	73	636
1. Vorbemerkungen	73	636
2. Beweislast des Verkäufers	74	636
3. Beweislast des Käufers	75	636
a) Bei Annahme	75	636
b) Bei Empfangnahme	77	637
4. Fazit	78	638

1 Materialien   aOR 260; E *1869* 255; E *1871* 255; E *1875* 271; E *1877* 271; E *1905/09* 1251; Dresdner E 433; AHGB 346.

2 Literatur   Vgl. Literaturverzeichnis in Vorb. Art. 197–210 N2 und insbesondere: ADLER KARL, Der Annahmeverzug des Käufers beim Handelskauf, in: ZHR *71* 1912 449ff; BARKHAUSEN F., Die Klage des Verkäufers auf Abnahme der Ware, in: ZHR *30* 1885 30ff; BLOCH KONRAD, Verzug des Gläubigers bei Unterlassung von Vorbereitungshandlungen, die zur Erfüllung der Verpflichtungen des Schuldners vorgesehen und notwendig sind, in: SJZ *56* 1960 7ff; BUXTORF OTTO, Die Abnahmepflicht im Kaufvertrag (MaschDiss Basel

1943); GERHARD FRITZ, Die Abnahmepflicht des Käufers nach dem Bürgerlichen Gesetzbuch (Diss Heidelberg 1910); GOLDSCHMITT WERNER, Die Abnahmepflicht bei Grundstückskauf, AcP *136* 1932 227ff, HEINZ-BOMMER CORNELIA, Die Annahmepflicht des Käufers nach Art.211 OR (Diss Bern 1970); HOHENSTEIN ADOLF, § 326 BGB und der Abnahmeverzug des Käufers, in: GruchBeitr. *48* 1904 711ff; ders., Der Abnahme-Annahmeverzug des Käufers-Gläubigers, in: ArchBürgR *25* 1905 69ff; JACOBI ERNST, Die Abnahmepflicht des Käufers, in: Jher.Jahrb. *45* 1903 259ff; KASPER ERNST, Die Rechtsfolgen bei Verletzung der Abnahmepflicht, insbesondere bei Kauf- und Werkvertrag (Diss Köln 1935); KOHLER JOSEF, Annahme und Annahmeverzug, in: Jher.Jahrb. *17* 1879 261ff; KRAHL JOHANNES, Die Abnahmepflicht und der Abnahmeverzug des Käufers nach dem Bürgerlichen Gesetzbuch (Diss Breslau 1919); OBERLOSKAMP PAUL, Abnahmepflicht nach dem Bürgerlichen Gesetzbuch (Diss Leipzig 1905); OERTMANN PAUL, Sachmängel und Abnahmepflicht, in: Recht *13* 1909 618ff, 801; ROSENBERG LEO, Der Verzug des Gläubigers, in: Jher.Jahrb. *43* 1901 245ff; SCHMIDT-SCHARFF WOLFGANG, Wirkungen der mora accipiendi des Käufers (Diss Göttingen 1891); STRIEBINGER WILHELM, Der Begriff der Abnahme bei Kauf- und Werkvertrag (Diss München 1906); ZEEDEN KONRAD, Der Abnahmeverzug beim Kauf und seine Wirkungen (Diss Rostock 1907).

Rechtsvergleichung Ccfr 1650f; Ccit 1498f; BGB 433 II. Vgl. weitere Angaben im Text.   3

A. Systematische, begriffliche und inhaltliche Zusammenhänge: Übersicht

«*Verpflichtungen des Käufers*» lautet die Marginalie zu Art.211. Der Text selbst spricht ebenfalls von der Pflicht dieses Kontrahenten, den Kaufpreis gemäss vertraglicher Abrede zu bezahlen und «die gekaufte Sache, sofern sie ihm von dem Verkäufer vertragsgemäss angeboten wird, anzunehmen» (Art.211 I). Handelt es sich tatsächlich um eine Haupt- bzw. Nebenpflicht, oder aber um eine Obliegenheit? Vgl. hierzu Art.184 N 153, vorab N 154 und N 199ff, bes. 200f. 4

Vorliegende Ausgangsnorm der «Käuferpflichten» bezieht sich unverkennbar auf Art.184, der den Begriff des Kaufvertrags definiert. Der Gesetzgeber hat dort jedoch – wie in Art.184 N 4ff dargelegt – auf eine alle begriffswesentlichen Elemente erfassende Legaldefinition verzichtet und sich damit begnügt, die *Haupt*pflichten und -rechte der Parteien abschliessend aufzuzählen (vgl. auch Art.184 N 200). Aus seinem Katalog lässt sich nur ableiten, dass die nebst der 5

Kaufpreiszahlungspflicht in Art. 211 aufgeführte «Annahmepflicht» hinsichtlich des vertragsgemäss angebotenen Kaufgegenstands niemals gesetzliche, unabdingbare (im Sinne eines essentiale negotii) *Haupt*pflicht sein kann. Wenn also Art. 211 nach seinem Wortlaut und dem der Marginalie über die Kaufpreiszahlungspflicht hinaus eine «Pflicht» zur Annahme statuiert, kann das nur eine *Neben*pflicht oder gar bloss eine Obliegenheit ohne Rechtspflichtcharakter sein.

6 Art. 211 II zufolge muss die «Empfangnahme... sofort geschehen, wenn nicht etwas anderes vereinbart oder üblich ist». Es fällt auf, dass hier im Gegensatz zu Absatz 1 nicht der Begriff «Annahme» (bzw. das Verb «annehmen»), sondern «Empfangnahme» verwendet wird. Für BECKER – der allerdings von einer eigenen Analyse absieht – hat der Gesetzgeber diese unterschiedliche Ausdrucksweise «wohl beabsichtigt» (Art. 211 N 5). Um hierüber Gewissheit zu erlangen, drängt es sich eingedenk der öfteren Vermischung von Fach- und Umgangssprache im Schweizerischen Obligationenrecht auf, den Sinn von «Annahme» bzw. «Empfangnahme» durch Auslegung zu ermitteln (hinten N 8 ff).

B. Deklaratorische Natur der Verpflichtung zur Kaufpreiszahlung

7 Art. 211 I erwähnt die Pflicht des Käufers, «den Preis nach den Bestimmungen des Vertrages zu bezahlen». Die Formulierung bringt gegenüber Art. 184 nichts Neues. Dass die Kaufpreiszahlung sich «nach den Bestimmungen des Vertrages» richtet, stellt angesichts der dispositiven Natur unseres Kaufvertragsrechts eine Selbstverständlichkeit dar. Art. 211 I ist, was die Kaufpreiszahlungspflicht betrifft, rein *deklaratorisch*. Es kann deshalb vollumfänglich auf Art. 184 N 156 ff verwiesen werden.

C. Inhaltliche Bedeutung, Begriff und Rechtsnatur von Annahme und Empfangnahme

I. Problemstellung

8 Der schweizerische Gesetzgeber hat nicht klar auszudrücken vermocht, was er unter «Annahme» bzw. «Empfangnahme» der Kaufsache verstanden haben will. Aufgabe der Auslegung muss es daher sein, festzustellen,

ob Art. 211 von einer *Begriffsidentität* ausgeht, die beiden Ausdrücke mithin synonym verwendet, sei es im Sinne der *Annahme des Kaufgegenstands als Erfüllung* oder aber bloss seiner *Abnahme als rein faktischer Vorgang,* oder ob vielmehr – wie BECKER, Art. 211 N 5 (dazu vorn N 6), meint – eine echte *Begriffsdualität* besteht und der unterschiedlichen Terminologie (Abs. 1: «Annahme», Abs. 2: «Empfangnahme») auch wirklich Unterschiedliches zugrunde liegt. Erst wenn das abgeklärt ist, kann die zusätzliche Frage nach der *Rechtsnatur* der «Annahme» (Art. 211 *Abs. 1*) bzw. «Empfangnahme» (Art. 211 *Abs. 2*) – Obliegenheits- oder Pflichtcharakter (und zwar primäre oder sekundäre Nebenpflicht) – beantwortet werden. 9

II. Inhaltliche und begriffliche Differenzierung zwischen «Annahme» und «Empfangnahme»

1. Auslegung nach dem Wortsinn

Art. 211 I handelt von der Pflicht des Käufers, die erworbene und vertragsmässig angebotene Sache «anzunehmen». Demgegenüber verwendet Art. 211 II den Begriff «Empfangnahme». Nach der allgemein gebräuchlichen Rechtsterminologie bedeutet «Annahme» grundsätzlich *Annahme als Erfüllung,* somit zumindest provisorische Anerkennung der Vertragskonformität des gelieferten Kaufobjekts. «Empfangnahme» aber ist kein gängiger Ausdruck der juristischen Fachsprache. Der Wortbedeutung nach dürfte er mit der rein tatsächlichen Entgegennahme des Kaufgegenstands gleichzusetzen sein. 10

Ist nun die auffallende sprachliche Differenzierung («Annahme» in Art. 211 I, «Empfangnahme» in Art. 211 II) rechtserheblich? Ein sorgfältiger Gesetzgeber wird durch die Wahl verschiedener Bezeichnungen auch rechtlich Verschiedenes ausdrücken und nicht bloss sprachlich variieren wollen. Doch erweist sich die Terminologie des Schweizerischen Obligationenrechts immer wieder als unsystematisch und inkonsequent; sie erreicht bei weitem nicht die Perfektion des Deutschen Bürgerlichen Gesetzbuchs. Der betreffende Unterschied könnte daher ebensogut lediglich sprachästhetisch bedingt, d. h. juristisch völlig bedeutungslos sein. Folglich liefert die Wortinterpretation *keinen* ausreichenden Anhaltspunkt für die Absicht des Gesetzgebers. 11

2. Historische Auslegung

12   Zwischen Art. 211 und aOR 260 besteht nahezu völlige Wortgleichheit: Während die ersten Absätze identisch sind, ist in Abs. 2 einzig «ortsgebräuchlich» durch den allgemeineren Ausdruck «üblich» ersetzt worden. Die Entstehungsgeschichte von Art. 211 (hierzu HEINZ-BOMMER 35 ff) zeigt denn auch, dass über diese Norm nicht viel diskutiert wurde.

Erstmals tauchen die durch Art. 211 umschriebenen Pflichten zur Annahme und sofortigen Empfangnahme der Kaufsache in MUNZINGERs Teilentwurf zum Obligationenrecht von 1869 auf (§ 255). Die Regelung ging unverändert als Art. 288 in den ersten vollständigen Entwurf von 1871 und als Art. 271 in den zweiten Entwurf von 1875 über. Der dritte Entwurf von 1877 hingegen war praktisch schon so formuliert wie aOR 260, indem er nunmehr auch die Preiszahlungspflicht enthielt. Diese und die Annahmepflicht schienen bereits damals nach dem Gesetzeswortlaut rechtlich gleichgeordnete Verbindlichkeiten zu sein.

13 Die Entwürfe MUNZINGERs (und seines Nachfolgers FICK) basieren zu einem erheblichen Teil auf dem «Entwurf eines allgemeinen deutschen Gesetzes über Schuldverhältnisse», dem sog. Dresdener Entwurf von 1866, sowie auf dem Zürcherischen Privatrechtlichen Gesetzbuch von 1853–1855. Letzteres statuiert *keine* Annahmepflicht des Käufers. Hingegen verpflichtet der Dresdener Entwurf in Art. 433 den Käufer, die vertragsgemäss angebotene Kaufsache «anzunehmen und den vereinbarten Kaufpreis zu bezahlen...». Das war die Grundlage für aOR 260 *Abs. 1*.

Was aOR 260 *Abs. 2* betrifft, lehnt er sich eng an Art. 346 II des Allgemeinen Deutschen Handelsgesetzbuchs von 1861 an, der wie folgt lautet: «Die Empfangnahme muss sofort geschehen, wenn nicht ein anderes bedungen oder ortsgebräuchlich oder durch die Umstände geboten ist.» Dieser Art. 346 AHGB gibt nicht zu Auslegungsschwierigkeiten Anlass; begründet doch sein erster Absatz die Pflicht des Käufers, «die Ware zu *empfangen* (Hervorhebung durch Verf.), sofern sie vertragsmässig beschaffen ist...».

Aus dem Umstand, dass MUNZINGER für seinen 1869 geschaffenen § 255 Art. 433 des Dresdener Entwurfs mit AHGB 346 II kombinierte, folgert HEINZ-BOMMER 37, zwischen «annehmen» im ersten und «Empfangnahme» im zweiten Absatz von Art. 211 gebe es keinen Unterschied; Art. 211 II stelle nur eine *zeitliche* Präzisierung («sofort») von Abs. 1 dar. Diese Schlussfolgerung erscheint freilich nicht als zwingend. Eher wäre auf AHGB 346 Abs. 1 hinzuweisen, dessen terminologische Übereinstimmung mit Abs. 2 («empfangen», «Empfangnahme») MUNZINGER kaum entgangen sein dürfte. Dass er den ersten Absatz seines § 255 nicht anpasste, sondern die der Vorlage entstammende Formulierung «anzunehmen» stehenliess, kann nun aber zweierlei bedeuten: Entweder hat er die Ausdrücke «annehmen» und «empfangen» als beliebig und konsequenzlos austauschbare Begriffe aufgefasst, oder es lag ihm gerade an einer klaren Differenzierung! Angesichts seiner sprachlichen Zucht ist letzteres wohl etwas wahrscheinlicher. Doch bleiben wir auf Mutmassungen angewiesen. Die historische Auslegung besitzt spekulativen Charakter und zeitigt somit offensichtlich ebenfalls *kein* schlüssiges Resultat.

3. Gesetzestechnische Auslegung

Vielfach gewährt die spezifische Verwendung des gleichen Ausdrucks in einem anderen systematischen Zusammenhang nützliche Entscheidungshilfe. So bildet etwa Art. 91 – in gewissem Sinn Art. 211 ergänzend – die gesetzgeberische Reaktion auf die ungerechtfertigte Verweigerung der *«Annahme»* einer gehörig angebotenen Leistung (Gläubigerverzug). «Annahme» dürfte demnach doch eher ein festgefügter Begriff des Schweizerischen Obligationenrechts sein. Dies spricht wiederum dafür, dass die terminologische Abweichung in Art. 211 II, d.h. die Verwendung des Begriffs «Empfangnahme», auch inhaltlich von Bedeutung ist. 14

4. Logische Auslegung

Wer eine Ware «in Empfang nimmt», vollzieht eine tatsächliche Handlung, ohne damit gleichzeitig durch konkludentes Verhalten seinen Willen juristisch relevant zu äussern, vor allem im Sinne eines Akzepts der gehörig angebotenen Leistung. Der rein faktische Vorgang ändert bloss die Sachherrschaftsordnung: Die Ware gerät auf Grund von Art. 184 I aus dem Machtbereich des Verkäufers in denjenigen des Käufers; es geht m. a. W. der Besitz auf ihn über. Das berührt den *einen* der in Art. 184 I geregelten Erfüllungsansprüche des Käufers (Besitzverschaffung seitens des Verkäufers). Art. 211 II befasst sich nur mit *diesem* Aspekt des *zweistufigen* Erfüllungsmechanismus bei der Besitzverschaffung (Art. 184 I: «Übergabe»; Art. 211 II: «Empfangnahme»), und zwar mit der Synchronisierung der beiden sich gegenseitig ergänzenden und so den Wechsel der Sachzuständigkeit bewirkenden Handlungen. Indem der Ge- 15 setzgeber das Adverb «sofort» braucht, ordnet er die *Gleichzeitigkeit* von Übergabe und Empfangnahme an. Das ist logisch, weil allein ihre zeitlich fugenlose Verbindung zum gewollten Zweck (Art. 184 I) des Besitzübergangs führt. Die Aufgabe der Sachherrschaft durch den Verkäufer ohne ihre gleichzeitige Begründung auf seiten des Käufers wäre ja eine Dereliktion und würde die Ware dem Zugriff jedes beliebigen Dritten (Okkupation) freigeben. *Art. 211 II stellt somit die notwendige und zwangsläufige Ergänzung von Art. 184 I dar.* Er kann sich vernünftigerweise *nur* auf die Besitzverschaffung als Faktum beziehen; denn die Annahme der Ware als einer vertragskonformen Leistung bewirkt im Gegensatz zur Empfangnahme eine Veränderung der *Rechtslage,* wozu dem Käufer eine wenn auch noch so kurze Zeitspanne eingeräumt werden muss. Ein «sofortiges» Akzept wäre rechtslogisch undenkbar.

16 Weil demgegenüber Art. 211 I das Wort «Annahme» verwendet, fragt sich, ob der Gesetzgeber hier wirklich einen von Art. 211 II abweichenden Tatbestand regelt. Misst er m. a. W. den Ausdrücken «Annahme» und «Empfangnahme» identische oder unterschiedliche Bedeutung zu? Es entspricht nun – sowohl nach Funktion wie Inhalt – der Logik, *dass auch Art. 211 I nichts anderes als eine notwendige Ergänzung von Art. 184 I ist,* und zwar hinsichtlich der *Eigentumsverschaffungspflicht.* Letztere bezweckt eine Änderung der Rechtsgüterordnung mit rechtlicher Wirkung (vgl. Art. 184 N 78): Es wechselt die *Verfügungsberechtigung* als umfassendste Herrschaftsbefugnis (Art. 184 N 78). Der Kaufgegenstand gehört *nach erfolgter Annahme durch den Käufer* (Art. 211 I) zu seinem Vermögen. Dieser *rechtliche* Vorgang bildet die zweite und letzte Stufe im zeitlich-funktionellen Ablauf der Vertragserfüllung: Mit ihm tritt der Leistungserfolg ein (Art. 184 N 144). Hat der Verkäufer all das ihm Zumutbare zur Erreichung des Vertragszwecks getan, dann entscheidet letztlich das Ja des Käufers über das Vertragsschicksal. Er soll – falls das Angebotene mit dem gegenseitig geäusserten Willen der Parteien übereinstimmt – «annehmen» (Art. 211 I).

17 Aus logischen Deduktionen ergibt sich demnach einwandfrei, dass die beiden gesetzlichen Ausdrücke «annehmen» (Art. 211 I) und «Empfangnahme» (Art. 211 II) Verschiedenes bedeuten: «Empfangnahme» ist das Korrelat zur Besitz- und «Annahme» zur Eigentumsverschaffungspflicht, wie sie in Art. 184 I geregelt sind.

5. Teleologische Auslegung

18 Im wesentlichen will Art. 211 die unvollkommene Definition von Art. 184 ergänzen: Nebst rein deklaratorischer Wiederholung der Pflicht

zur Preiszahlung, die einzige gesetzliche Hauptleistungspflicht des Käufers, regelt er dessen unerlässliche Mitwirkung beim Erfüllen der Hauptleistungspflichten des Verkäufers: zuerst bei der Eigentums- und sodann bei der Besitzverschaffungspflicht. Das erforderte die Auffächerung in «Annahme» (Art. 211 I) und «Empfangnahme» (Art. 211 II). Auch vom Zweck aus betrachtet muss daher zwischen diesen zwei Begriffen unterschieden werden.

III. Inhaltliche Bedeutung, Begriff und Rechtsnatur der Annahme

1. Inhalt der Annahmehandlung gemäss Art. 211 I

Der Inhalt der in Art. 211 I umschriebenen «Verpflichtung» des Käufers, die vertragsgemäss offerierte Sache anzunehmen – Korrelat zur Eigentumsverschaffungspflicht i.S.v. Art. 184 I – ergibt sich aus dem funktionellen Zusammenhang mit Art. 91: Nach dieser Norm muss der Käufer (Gläubiger), will er den Gläubigerverzugsfolgen entgehen, die ihm vertragsgemäss angebotene Ware *als Erfüllung* annehmen und die nötigen Vorbereitungshandlungen, ohne die der Verkäufer (Schuldner) nicht zu erfüllen vermag (z. B. Spezifikation, Abruf usw.) durchführen (vgl. zur Bedeutung des Begriffs «Annahme» die Bemerkungen VON TUHR/SIEGWART/ESCHERS 69 ff über den Annahmeverzug als Voraussetzung des Gläubigerverzugs). 19

2. Begriff der «Annahme als Erfüllung»

Wann und unter welchen Voraussetzungen gilt die Ware als Erfüllung angenommen? Von der Beantwortung dieser Frage hängen die mit dem Annahmeverzug verbundenen Rechtsfolgen und weitere Konsequenzen ab. Sie zwingt zur Auseinandersetzung mit dem Begriff «Annahme als Erfüllung». Darunter ist das durch nicht sofortige Ablehnung des vom Verkäufer angebotenen Leistungsgegenstands ausgedrückte, der Augenblickssituation angemessene, resolutivbedingte Globalakzept des Käufers zu verstehen. Die *Annahme als Erfüllung* weist somit nicht definitiven Charakter auf. Sie hat provisorische Natur und schafft lediglich eine Vermutung vertragsgemässer Erfüllung, die in Anwendung von Art. 97 (nichtgehörige Erfüllung: «Jede identitäts- und eigenschaftsverändernde wie mengenmässige Abweichung lässt die Erfüllungs- 20 handlung scheitern oder macht sie zu einer nichtgehörigen.» Vgl. Art. 184 N 42) oder Art. 197 ff (Sachmangel) innerhalb der dort erwähnten Fristen widerlegt werden kann. Die «Annahme als Erfüllung» bewirkt daher eine Umkehrung der Beweislast. Der Käufer hat nach erfolgter Annahme etwa zu beweisen, dass die «Annahme als Erfüllung» zu Unrecht erfolgte, weil nicht gehörig erfüllt wurde oder Mängel vorliegen. Die Erbringung des Beweises bedeutet Eintritt der Resolutivbedingung und folglich Wegfall des Akzepts. Der Sachgläubiger verscherzt sich also mit der «Annahme als Erfüllung» keineswegs die Möglichkeit, nachträglich Mängelrüge zu erheben oder nichtgehörige Erfüllung geltend zu machen. Aus der provisorischen Natur der «Annahme als Erfüllung» erhellt, dass ihre Bejahung nicht an allzu strenge Voraussetzungen geknüpft werden darf. Es genügt, «wenn aus dem gesamten Verhalten des Gläubigers zu entnehmen ist, dass er die Leistung als eine im wesentlichen den nach dem Inhalt des Schuldverhältnisses zu stellenden Anforderungen entsprechende Leistung ansehen und behalten wolle» (STAUDINGER/OSTLER, BGB 363 N 11 mit dort zit. Literatur und Judikatur), d.h. wenn der Käufer die Sache übernimmt, ohne i.S.v. Art. 201 unverzüglich Mängelrüge zu erheben oder Beanstandungen geringfügiger Art (Art. 97) vorzubringen. Inhaltlich erstreckt sie sich auf die gesamte Erfüllungstätigkeit (vgl. HEINZ-BOMMER 55).

3. Rechtsnatur der Annahme: Obliegenheitscharakter

21   Nach Art. 211 I ist der Käufer «verpflichtet», die vertragsgemäss angebotene Sache anzunehmen. Auf den Wortlaut darf man sich aber wegen der oft feststellbaren sprachlichen Ungenauigkeiten und Inkonsequenzen des Gesetzgebers, speziell im Gebrauch von Fachausdrücken, nicht ohne weiteres verlassen. Das gilt um so mehr, als «verpflichten» manchmal für ein Engagement verwendet wird, welches den Sinn einer *Obliegenheit* hat. Dazu trägt wohl der Umstand bei, dass das Verb «obliegen» in der Umgangssprache nicht vorkommt (vgl. Art. 184 N 200). Die Materialien geben keinen weiteren Aufschluss. So verwundert es nicht, auch heute noch eine kontroverse Doktrin anzutreffen (vgl. BECKER, OR 211 N 5; OSER/SCHÖNENBERGER, OR 211 N 8; HEINZ-BOMMER 7). *Rechtslogische* Erwägungen bringen die Lösung: Art. 184 I zählt die gesetzlichen Hauptpflichten abschliessend auf. Es kann sich somit nur noch um eine *Nebenpflicht,* die der Verkäufer selbständig bzw. mit der Hauptklage auf Erfüllung durchzusetzen hätte, oder um eine *Obliegenheit* handeln, deren Verletzung zur typischen Folge des Rechtsverlusts führt.

Ansatzpunkt für eine Lösung bildet der Mechanismus, der die Pflicht des einen 22
zum Recht des anderen macht und umgekehrt: Echte Pflichten haben immer
mit der Erbringung der *eigenen* Leistung zu tun. Die Kehrseite, die Gegenleistung, ist in erster Linie Pflicht des anderen, somit Berechtigung. Daran besteht
zumeist nur ein eigenes, kein fremdes Interesse. Bezahlt nämlich der Käufer den
Kaufpreis, erfüllt er folglich *seine* Pflicht, dann fehlt in der Regel jedes Interesse
des Verkäufers, die Annahme der Kaufsache unter dem Titel der Erfüllung gerichtlich durchzusetzen. Die Frage nach dem Zweck der «Annahme» des Kaufgegenstands durch den Käufer ergibt dasselbe Resultat. Diese Handlung stellt
das Korrelat zu der *einen* Hauptpflicht des Verkäufers dar, nämlich der Eigentumsverschaffung, und muss rechtlich als Mitwirkung des Käufers bei deren Erfüllung gewertet werden (vgl. Art. 184 N 200; ferner VON TUHR/SIEGWART/
ESCHER 69, bes. N 2 und 76 mit N 53). Wer sein eigenes Recht ablehnt, soll nicht
zur «Annahme» gezwungen werden. Die logische Konsequenz bestünde aber
im obliegenheitstypischen *Verlust* des verschmähten Rechts. Danach verlöre
der Käufer sein Recht auf Eigentumsverschaffung: Der Verkäufer hat alles in
seiner Macht Liegende getan, um zu erfüllen. Fehlt zur Perfektion nur die Mitwirkungshandlung des Käufers (Annahme), müsste auf Grund einer Fiktion
(von der vollzogenen Erfüllung) Befreiung des Verkäufers von der eigenen Leistungspflicht eintreten (vgl. Art. 184 N 200). Ausserdem hätte der Käufer den
Rechtsverlust (Anspruch auf Eigentumserwerb usw., vgl. N 23) ohne Befreiung
von *seiner* Leistungspflicht (Kaufpreiszahlung) zu tragen. Wäre er nämlich
ebenfalls befreit, würde er ja keinen Rechtsverlust erleiden. Dass dies absurd
wäre, liegt auf der Hand: Es könnte sich dann jeder Käufer ohne für ihn nachteilige Konsequenzen aus einer vertraglichen Bindung lösen. Wir haben es also bei
der «Annahme» der vertragskonform angebotenen Leistung gemäss Art. 211 I
zwar mit einer *Obliegenheit* zu tun, deren Verletzung – wie schon erwähnt – *an
sich* Rechtsverlust (Verlust des Rechts auf Eigentumsverschaffung durch den
Verkäufer) nach sich zieht; *aber diese typische Folge von Obliegenheitsverletzungen erfährt durch die Regelung der Gläubigerverzugsfolgen eine normative Korrektur im Sinne einer Milderung* (vgl. N 23 ff).

Der Gesetzgeber hat die Rechtsbehelfe bei Verweigerung der «Annahme» einer 23
gehörig angebotenen Leistung bzw. von entsprechenden Vorbereitungs- und
Mitwirkungshandlungen in Art. 91 ff ausdrücklich und abschliessend geregelt:
Sie löst nach der zutreffenden herrschenden Lehre (vgl. OSER/SCHÖNENBERGER,
OR 211 N 8; COMMENT, SJK *223* 1; GUHL/MERZ/KUMMER 323 f; offenbar a. M.
– allerdings ohne Begründung – VON TUHR/SIEGWART/ESCHER 69 N 2) *einzig* die
Rechtsfolgen des *Gläubigerverzugs* aus, welche zur Wahrung der Interessen des

Schuldners (hier des Verkäufers) völlig ausreichen: Hinterlegungsrecht auf Gefahr und Kosten des Käufers mit gleichzeitiger Befreiung von seinen Verbindlichkeiten (Art. 92 I); ferner bei Vorliegen der entsprechenden Voraussetzungen Recht zum Verkauf und Hinterlegung des Erlöses (Art. 93) sowie Recht zur Rücknahme (Art. 94). Über den für Obliegenheitsverletzungen charakteristischen Rechtsverlust (definitiver Verlust des Anspruchs auf primäre Leistung beim Notverkauf, Umwandlung der Bring- in eine Holschuld, Verlust der Einrede aus Art. 82, Verschlechterung der beweisrechtlichen Situation usw.; vgl. hinten N 73 ff) hinaus sind hier allerdings obliegenheits*atypische* Rechtsfolgen erkennbar (Hinterlegung, Kostenauflage usw.). Dadurch wird aber die «Annahme als Erfüllung» keineswegs erzwungen; es bleibt folglich bei der Verneinung des *Pflichtcharakters*. Dient jedoch die Obliegenheitsverletzung (Verweigerung der Annahme: Gläubigerverzug) als Mittel der Zahlungsverweigerung, dann freilich ist gleichzeitig eine *Pflicht* verletzt, welche die Folgen des *Schuldnerverzugs* (Art. 102 ff, vorab Art. 107, ferner Art. 214) nach sich zieht (gl. M. OSER/SCHÖNENBERGER, OR 211 N 8; im Ergebnis gleich BGE *48* II 103 ff, *59* II 307 ff; ZR *25* 1926 Nr. 150 und Nr. 207).

24 Die deutsche Doktrin und Praxis *scheinen* anderer Auffassung zu sein und haben damit auch die schweizerische Rechtsfindung beeinflusst: Sie sprechen von *A*bnahme und werten sie grundsätzlich als *Nebenpflicht,* in Ausnahmefällen (bei Vorliegen eines besonderen Interesses) als Hauptpflicht (vgl. andeutungsweise ENNECCERUS/LEHMANN II 414; ferner PALANDT/GRAMM, BGB *433* 359; SORGEL/SIEBERT/BALLERSTEDT, BGB *433* N 85 ff, bes. zur Rechtsnatur N 87 und 89; STAUDINGER/OSTLER, BGB *433* N 140 ff, zur Rechtsnatur 147; sodann RGZ *57* 105). Doch ist zweierlei zu beachten: Ihre Ausführungen gelten nicht der «Annahme als Erfüllung» (Art. 211 Abs. *1*); vielmehr besteht zwischen der deutschrechtlichen «Abnahme» und der «Empfangnahme» des Art. 211 Abs. *2* Identität (vgl. hinten N 26). Diese unterschiedliche Terminologie hat man bei der Rechtsvergleichung unbedingt zu berücksichtigen! Hinzu kommt, dass das deutsche Recht den Pflichtcharakter der Abnahme *gesetzlich* eindeutig festlegt (BGB 433).

25 Die Entscheidung über Pflicht- bzw. Obliegenheitscharakter von Handlungen einer Vertragspartei, somit auch der «Annahme», bleibt aber grundsätzlich der Privatautonomie vorbehalten. Sofern im Einzelfall möglich, können deshalb die Parteien die Annahme *als durchsetzbare Haupt- oder Nebenpflicht vereinbaren*. Pflichtcharakter lässt sich auch aus den *besonderen Umständen* ableiten: Mitunter besitzt der Verkäufer ein erkennbares *selbständiges* Interesse an der Annahme. Schliesslich mag sich die Durchsetzbarkeit der Annahme aus

ZGB 2 aufdrängen, z. B. wenn die Natur der verkauften Sache danach ruft (HEINZ-BOMMER 62 ff; ferner GUHL/MERZ/KUMMER 324).

IV. Inhaltliche Bedeutung, Begriff und Rechtsnatur der Empfangnahme

1. Inhalt der Empfangnahme gemäss Art. 211 II

Nach Art. 211 *Abs. 2* muss, wenn nicht etwas anderes vereinbart oder üblich ist, die Empfangnahme sofort erfolgen. Diese, anders als die Annahme gemäss Art. 211 *Abs. 1* ein *tatsächlicher* Akt – in Deutschland «Abnahme» genannt, vgl. vorn N 24 –, betrachten einige Autoren als blosse Fortnahme des Kaufobjekts, mit dem alleinigen Zweck, es dem Verkäufer «vom Halse zu schaffen» (vgl. RABEL II 75, 220; STAUDINGER/OSTLER, BGB 433 N 140). 26

Demnach wäre es unwesentlich, ob der Käufer an der Sache eigenen Besitz begründet; nur darauf käme es an, dass er den Verkäufer vom Besitz der Ware und folglich auch von der Pflicht befreit, sie weiterhin in seiner Obhut zu belassen. *Das kann nicht zutreffen*. Mit der Ablieferung will ja der Verkäufer seine *Besitzverschaffungspflicht* erfüllen; er hegt die Erwartung, dass der Käufer den Gegenstand abnimmt. Die befreiende Wirkung der Abnahme setzt nun aber zwingend voraus, dass der Käufer sein Besitzer wird, d. h. den animus possidendi hat. Nimmt er das Kaufobjekt nicht in Empfang, ist die Vertragserfüllung in der ersten Phase einstweilen gescheitert und somit als Ganzes gefährdet; zielt doch die Ablieferung, der die Eigentumsverschaffung folgen sollte, letztlich auf die das Erreichen des Vertragsendziels erst ermöglichende Annahme ab. 27

Selbstverständlich steht es dem Käufer frei, die Ware *nach* ihrer Ablieferung aus seinem Machtbereich fortzuschaffen, wenn er mit ihr nichts anzufangen weiss oder sie aus einem anderen Grund nicht mehr haben möchte. Das bedeutet jedoch Dereliktion, zu der sich eben nur der Besitzer entschliessen kann.

2. Begriff der Empfangnahme

«Empfangnahme» im Sinne von Art. 211 *Abs. 2* ist keine bloss tatsächliche Entgegennahme der vom Verkäufer angebotenen Ware durch den Käufer. Sie stellt vielmehr dessen notwendige Mitwirkungshandlung im 28 funktionellen Zusammenspiel (Besitzaufgabe/Besitzerwerb) beim Besitzübergang dar. Demnach erweist sich die Empfangnahme als ein vom Willen des Käufers, Besitz zu erlangen und damit die Vertragserfüllung zu ermöglichen, getragener tatsächlicher Vorgang.

3. Rechtsnatur der Empfangnahme: Obliegenheitscharakter

29   Die Rechtsnatur der «Empfangnahme» gemäss Art. 211 II hängt vom Standpunkt der Betrachtung ab: Aus der Sicht des Käufers stellt sie sein *Recht* dar, aus der Sicht des Verkäufers eine *Obliegenheit* des Käufers: Empfangnahme ist Korrelat (Recht) sowie komplementäre Funktion (Obliegenheit) des Käufers hinsichtlich der Besitzverschaffungspflicht seines Vertragspartners. «Besitzverschaffung» und «Empfangnahme», Elemente des Erfüllungsvorgangs, verhalten sich grundsätzlich zueinander wie *Pflicht* und *Recht*. Als ein Recht, das ja einer Pflicht korrelativ gegenübersteht, kann die Empfangnahme – übrigens analog der Annahme (Art. 211 *Abs. 1,* vorn N 21 ff) – *zwangsläufig* nicht selbst ebenfalls Pflicht sein; es sei denn, dass dies dem Willen des Gesetzgebers oder der Vertragsparteien entspräche. Im funktionellen Zusammenhang (Besitzverschaffung/Empfangnahme) steht nämlich der Forderungs- und nicht der Obliegenheitscharakter der Empfangnahme ganz eindeutig im Vordergrund.

30   Das unbestreitbare eigene Interesse des Verkäufers an der Empfangnahme, d. h. an der Abnahme der Ware durch den Käufer, ist jedoch selbstverständlich mit der Qualifizierung der Empfangnahme als «*Recht* des Käufers» nicht geschützt. Optimal wäre das nur möglich, wenn die Empfangnahme gleichzeitig Recht *und* Pflicht (Recht, die Besitzübergabe zu verlangen und Pflicht, die angetragene Ware abzunehmen) des Käufers bedeutete. Das ist aber – wie schon erwähnt – nicht der Fall. Grundsätzlich muss man indessen davon ausgehen, dass «Empfangnahme» Mitwirkungshandlung des Käufers beim Erfüllungsvorgang der Gegenpartei darstellt. Die logisch vertretbare Ergänzung des Rechts des Käufers auf Übergabe der Ware besteht in der berechtigten Erwartung des Verkäufers einer befreienden Wirkung durch die Empfangnahme, welche von seiner Warte aus betrachtet als Erfüllung einer *Obliegenheit* gilt. Im logischen Konzept nimmt die «Empfangnahme» folglich keine andere Stellung ein als die «Annahme»: Das passende Pendant zum «Recht» des Käufers auf Übergabe ist seine «Obliegenheit» zur Mitwirkung (Empfangnahme).

31   Nur Gesetz oder Parteiabrede könnten eine Abweichung von diesem mittels

Logik erzielten Interpretationsergebnis bewirken. Der Wortlaut von Art. 211 *Abs. 2* («Die Empfangnahme muss sofort geschehen,...») weckt nun den Anschein, dass unser Gesetzgeber tatsächlich den Pflichtcharakter verfügt hat; denn was drückt seine dahingehende Absicht klarer aus als das Verb «müssen»? Bei näherer Prüfung erweist es sich aber, dass bloss die *zeitliche Abwicklung* («sofort» gehört zu «muss geschehen») von Besitzverschaffung (Art. 184 I) und Empfangnahme (Art. 211 II) geregelt wird. Der Vorbehalt anderslautender Vereinbarung oder Übung (zweiter Halbsatz von Art. 211 II) betrifft demnach einzig die Möglichkeit, zwischen Angebot und Empfangnahme der Leistung eine gewisse Zeitspanne verstreichen zu lassen.

Literatur (VON BÜREN II 55, GUHL/MERZ/KUMMER 324) und Praxis (BGE *59* II 32 307; Semjud *87* 182, SJZ *37* 1940/41 249 Nr. 169) werten die «Empfangnahme» (im Gegensatz zur «Annahme als Erfüllung») – allerdings ohne echte Begründung (VON BÜREN II 55 stützt seine Ansicht auf die Rechtsnatur des Kaufs als Umsatzvertrag: «Der Kaufmann, der seine Güter ständig in Umsatz hält, muss darauf zählen dürfen, dass seine Lager von der verkauften Ware frei werden. Denn nur so kann er neue Ware hereinnehmen») – trotzdem als eigentliche *Pflicht,* indem sie dem Verkäufer einen Anspruch auf Wegschaffung der Ware zubilligen. Sicher macht sich hier der Einfluss der deutschen Doktrin und Praxis bemerkbar, welche die *Ab*nahme (identisch mit unserer «Empfangnahme») als Pflicht behandeln (zumeist Nebenpflicht, ausnahmsweise – bei Vorliegen eines besonderen Interesses – Hauptpflicht vgl. vorn N 24). In BGB 433 II wird sie aber nicht nur ausdrücklich so bezeichnet, sondern es ist der diesbezügliche Wille des Gesetzgebers unmissverständlich nachweisbar (vgl. vorn N 24). Damit befindet sich der deutsche Gesetzgeber – was den Grundgedanken betrifft – mit der römisch-rechtlichen Tradition im Einklang: Si is, qui lapides ex fundo emerit, tollere eos nolit, ex vendito agi cum eo potest, ut eos tollat (D. 19.1.9).

Nicht allein rechtslogische Erwägungen offenbaren den Obliegenheitscharakter 33 der Empfangnahme gemäss Art. 211 II. Er ergibt sich ebenfalls aus der Reaktion des Gesetzgebers auf die Weigerung des Käufers, die ihm angebotene Ware abzunehmen: Sie besteht nämlich hier wiederum (vgl. zur Annahmeverweigerung vorn N 22 f) in den *Gläubigerverzugsfolgen* (Art. 91 ff; übrigens spricht auch VON BÜREN II 55 sogar im Zusammenhang mit dem Wegschaffungsanspruch von einer «Ergänzung des Gläubigerverzugsrechts»), die eine Durchsetzung der «Empfangnahme» nicht gestatten und den Eintritt des obliegenheitstypischen Rechtsverlusts begleiten: Unterlässt der Käufer die Besitzergreifung, dann trägt er das Risiko für Verlust und Untergang in der Zwischenphase von der Abnahmeverweigerung bis zur Hinterlegung. Der Verkäufer hat das Objekt in den sachenrechtlichen Machtbereich des Käufers gebracht und damit alles getan, was von seiner Seite zur Besitzverschaffung erforderlich war. Billigerweise sollte er «sofort», ohne unnötigen Verzug, Klarheit über die Absichten des Käufers erlangen: Das ist der vernünftige Sinn der gesetzgeberischen Anordnung, es habe die Empfangnahme «sofort» zu geschehen. Mit einem «Wegschaffungsanspruch» des Verkäufers hat folglich diese Vorschrift nichts zu tun. Er widerspräche übrigens seiner Hinterlegungspflicht bei Gläubigerverzug. Hinzu kommt, dass eine Durchsetzung der Empfangnahme nach Art. 211 *Abs. 2* angesichts der Ablehnungsmöglichkeit der Annahme auf Grund von Art. 211 *Abs. 1* ohnedies sinnlos wäre.

34 Die Stellung des Verkäufers wird dadurch nicht geschmälert: Er kann gegen die Ablehnung der Empfangnahme die Rechtsbehelfe des Gläubigerverzugs oder, wenn im Verhalten des Käufers gleichzeitig eine Zahlungsverweigerung liegt, direkt diejenigen des Schuldnerverzugs einsetzen, womit seinen Interessen voll gedient ist (vgl. vorn N 22 ff).

35 Was für die Annahme gilt, trifft auch auf die Empfangnahme zu: Den Parteien steht es frei, letztere als echte *Pflicht* zu vereinbaren; denn der Obliegenheitscharakter ist nicht zwingendes Recht. Empfangnahme durch den Käufer bedeutet dann nicht bloss komplementäres Gegenstück zur «Besitzverschaffungspflicht» des Verkäufers, sondern zusätzlich eigenständige Pflicht des Käufers. Als formfreie Abrede kann die Umwandlung der Obliegenheit in eine Pflicht ausdrücklich, stillschweigend oder konkludent erfolgen, somit aus der Natur des Vertrags oder besonderen Umständen hervorgehen. Das trifft vor allem dann zu, wenn ein objektives und für den Käufer (d.h. subjektiv) erkennbares, *erhebliches* Interesse des Verkäufers an einer sofortigen Befreiung von der Sache besteht.

36 Welche sind nun die Kriterien für die Abklärung der Frage, ob die Parteien – falls sie sich nicht klar genug ausdrückten – die Empfangnahme als Hauptpflicht, primäre Nebenpflicht oder sekundäre Nebenpflicht des Käufers verstanden haben wollten? Im allgemeinen bildet die Natur der Sache das tauglichste Merkmal; sie beeinflusst die *Interessenlage* des konkreten Einzelfalls am ehesten. Die Empfangnahme wird dann zu einer gewillkürten *Hauptpflicht*, wenn der Verkäufer ein primäres und für seinen Partner bei Vertragsabschluss erkennbares Interesse daran hat, nicht nur den vereinbarten Kaufpreis zu erhalten, sondern vor allem auch von der Kaufsache befreit zu werden. Dies gilt etwa, wenn Schutt Gegenstand des Kaufs bildet, ebenso zumeist beim Verkauf eines Hauses auf Abbruch, von Kadavern, von Holz auf dem Stamm (vgl. LZ *1926* 109) und ganz besonders von Massengütern.

Ist das Interesse des Verkäufers an der Preiszahlung deutlich grösser als das 37
nachweisbare Interesse an der Befreiung von der Kaufsache, dann stellt die
Empfangnahme eine *primäre Nebenpflicht* dar, die er selbständig gerichtlich
durchsetzen kann. Besitzt das Interesse an der Befreiung mehr marginale Bedeutung, hat man es – natürlich nur, falls ihr nachweisbarer Pflichtcharakter auf
dem Willen der Parteien beruht (sonst wäre sie ja eine Obliegenheit!) – bloss mit
einer *sekundären Nebenpflicht* zu tun. Hierzu eingehend STAUDINGER/OSTLER,
BGB 433 N 147.

V. Voraussetzungen von Empfangnahme und Annahme

1. Vorbemerkungen

Verweigert der Käufer seine Mitwirkung bei der Erfüllung 38
durch den Verkäufer, führt das *nicht* zwangsläufig zum obliegenheitstypischen
Rechtsverlust und den Gläubigerverzugsfolgen. Es könnte ja sein, dass sein Verhalten rechtmässig, vertragskonform ist. Empfangnahme und Annahme dürfen
denn auch einzig dann verlangt werden, wenn gewisse Voraussetzungen erfüllt
sind.
Literatur und Judikatur haben, was diese Voraussetzungen betrifft, zu Unrecht 39
zwischen Empfangnahme und Annahme nicht unterschieden (vgl. N 10 ff).

2. Voraussetzungen der Empfangnahme

Der Gesetzgeber hat es – im Gegensatz zu Art. 211 *Abs. 1* für 40
die Annahme (vertragsgemässes Angebot) – unterlassen, in Art. 211 *Abs. 2* die
Voraussetzungen der Empfangnahme zu umschreiben. Das ist aber nicht als
qualifiziertes Schweigen aufzufassen. Dagegen spricht einmal, dass der Eintritt
einer Rechtsfolge erfahrungsgemäss *immer* an Voraussetzungen geknüpft wird.
Ferner ergibt sich auch aus Rechtsnatur wie Funktion und dem bisher entwickelten Konzept, dass es so nicht gemeint sein kann.
Empfangnahme (Art. 211 II) und Besitzverschaffung (Art. 184 I) sind, wie vorn 41
N 17 ausgeführt, Korrelate; insofern bilden sie eine Einheit. Folglich muss der
Käufer die Ware nur in Empfang nehmen, wenn der Verkäufer alles getan hat,
was zur *gehörigen Erfüllung seiner Besitzverschaffungspflicht* zählt (ausführlich
Art. 184 N 16 ff, vorab N 30 ff): Die Kaufsache ist von der richtigen Person an

die richtige Person als Ganzes am vereinbarten Ort zur vereinbarten Zeit in vereinbarter Quantität und Qualität entsprechend den Bestimmungen des Vertrags zu übergeben, sonst hat der Verkäufer nicht gehörig erfüllt (Art. 184 N 30). Der Käufer darf das vertragswidrige Leistungsangebot ablehnen, ohne Art. 211 zu verletzen. Dies bedeutet, dass die Erfüllungspflicht des Verkäufers weiterbesteht (Art. 184 N 30). Als ungenügend gilt prinzipiell ein verbales Angebot (Verbaloblation). Notwendig ist vielmehr die tatsächliche Sachleistung (Realoblation). Hierzu VON TUHR/SIEGWART/ESCHER 70 f.

42 Weist die angebotene Kaufsache *Mängel* auf, kann die Empfangnahme ebenfalls verweigert werden. Dem widerspricht NEUENSCHWANDER 35: Nach seiner Ansicht darf der Käufer beim Stückkauf die Lieferung eines mangelhaften Gegenstands «nur zurückweisen, wenn die Wandlung zulässig ist» (vgl. Art. 205). Ebenso erwähnen ENNECCERUS/LEHMANN II 458 das Recht des Käufers, die angebotene mangelhafte Kaufsache «von vorne herein abzulehnen», einzig beim Gattungskauf. Diese Lehrmeinung will offensichtlich eine Vereitelung der dem Richter in Art. 205 II eingeräumten Befugnis, aus Billigkeit auf Minderung statt auf Wandelung zu erkennen, ausschliessen. NEUENSCHWANDER übersieht jedoch, dass die Rechtsbehelfe aus Art. 97 ff *alternativ* neben der Sachgewährleistung Anwendung finden (dazu eingehend Vorb. Art. 197–210 N 20 ff). Die dem Richter durch Art. 205 II verliehene Kompetenz, einen Billigkeitsentscheid zu fällen, gilt (gewissermassen als Korrelat der im Bereich dieser Vorschrift geltenden Kausalhaftung für unmittelbaren Schaden) *allein* für die Sachgewährleistung und darf das auf den allgemeinen Normen beruhende Recht des Käufers, die Abnahme eines mangelhaften Kaufgegenstands zu verweigern, nicht beeinträchtigen (vgl. auch RGZ *53* 73 und *66* 279, die bei RABEL II 106 N 18 zitierte Literatur und – etwas undeutlich – STAUDINGER/OSTLER, BGB *433* N 145 d).

43 Doktrin und Praxis verkennen den eigenständigen Charakter von Erfüllungs- und Gewährleistungsanspruch. Deshalb nehmen sie an, dass nur die Mangelhaftigkeit, ja sogar – wenn man die Billigkeitsnorm Art. 205 II berücksichtigt – nur die zur Wandelung ermächtigende gesteigerte Mangelhaftigkeit einer Ware dem Käufer ein Verweigerungsrecht gibt. *Das ist völlig unzutreffend,* weil es im Verhältnis von Art. 184 I zu Art. 211 einzig um den Erfüllungsanspruch geht. Daher ermächtigt *jede* Abweichung vom vertraglich festgelegten Erfüllungsprogramm – sowohl in örtlicher, zeitlicher, personeller wie materieller (identitäts- und eigenschaftsverändernde wie mengenmässige Abweichung) Hinsicht – den Käufer zu einer für ihn konsequenzlosen Ablehnung der Empfangnahme.

44 Praktisch erweist sich diese verkannte Möglichkeit als höchst bedeutsam und gerechtigkeitskonform: Es wäre unverständlich, wenn es der Käufer z. B. dul-

den müsste, dass ihm ein neues Auto mit verkratzter Karosserie geliefert wird. Hier läge ja kein Mangel i. S. v. Art. 197 vor. Der Käufer kann sich in einem solchen Fall nur durch Geltendmachung seines Erfüllungsanspruchs (Art. 97) zur Wehr setzen.

Die Abnahme der Kaufsache darf grundsätzlich auch verweigert werden, falls 45 der Verkäufer sie ohne besondere Vereinbarung oder abweichende Übung unter *Nachnahme* anbietet.

3. *Voraussetzungen der Annahme*

Der Käufer hat die erworbene Sache nach Art. 211 *Abs. 1* nur 46 anzunehmen, «sofern sie ihm von dem Verkäufer vertragsgemäss angeboten wird». Im Unterschied zu *Abs. 2* ist hier die Voraussetzung umschrieben. Der Begriff «vertragsgemäss angeboten» bedarf freilich einer klärenden Präzisierung.

«Annehmen» bildet – wie vorn N 22 dargelegt – das Korrelat zur Eigentumsver- 47 schaffungspflicht: Wenn der Verkäufer alles getan hat, um sie gehörig zu erfüllen, muss der Käufer annehmen, will er den Rechtsfolgen einer Obliegenheitsverletzung (Gläubigerverzug usw.) entgehen. «Vertragsgemäss angeboten» bedeutet mithin nichts anderes als *gehörige Erfüllung der Eigentumsverschaffungspflicht* (ausführlich Art. 184 N 77 ff, bes. N 82 ff). Sie besteht vorab in der Einräumung der uneingeschränkten Sachherrschaft mit absoluter Verfügungsmacht. Der Käufer besitzt Anspruch auf unbelastetes Eigentum. Namentlich darf er nicht gegen seinen Willen zur Annahme einer faktisch oder rechtlich eingeschränkten Sachherrschaft gezwungen werden (Art. 184 N 82). Die Annahmeverweigerung löste in einem solchen Fall keine Rechtsfolgen aus.

Zu beachten ist, dass Besitz- und Eigentumsverschaffungspflicht insofern eine 48 Einheit bilden, als die gehörige Erfüllung des *Vertrags als Ganzes* von der Erbringung beider Leistungen abhängt (RGZ *95* 106; ferner Art. 184 N 150). Die «Empfangnahme» stellt – funktionell betrachtet – gleichzeitig eine Teilvoraussetzung der «Annahme» dar. Es gibt eine Empfangnahme ohne Annahme, aber grundsätzlich (abgesehen von constitutum possessorium) keine Annahme ohne Empfangnahme. Wer die Empfangnahme verweigert, hat automatisch die Annahme verweigert. Die Voraussetzungen der Annahme schliessen somit diejenigen der Empfangnahme zwangsläufig in sich ein. Daraus lässt sich wiederum ableiten, dass die in Art. 211 I formulierte Voraussetzung der Annahme («vertragsgemäss angeboten») *gehörige Erfüllung des Vertrags* (Besitz- wie Eigentumsverschaffungspflicht) bedeutet.

VI. Zeitpunkt von Empfangnahme und Annahme

1. Vorbemerkungen

49 Der Begriff «gehörige Erfüllung» umfasst auch das *zeitliche* Moment: Fehlende Empfangnahme- oder Annahmebereitschaft kann der Verkäufer dem Käufer mit Erfolg nur vorwerfen, wenn er ihm die Sache *rechtzeitig* angeboten hat. «Rechtzeitigkeit» ist ihrerseits ein variabler Begriff, abhängig von verschiedenen Faktoren: Gesetz, Vertragssituation und Art des Rechtsverhältnisses. Die grundsätzliche Regelung findet sich in den Art. 75 ff. Gemäss Art. 75 darf die Erfüllung «sogleich» geleistet und gefordert werden, falls sich weder aus Vertrag noch aus der Natur des Rechtsverhältnisses etwas anderes ergibt.

50 «Sogleich» heisst «unverzüglich», d. h. «ohne unnötiges Zögern», und *scheint* inhaltlich dem in Art. 184 II für den Kauf verankerten «Zug-um-Zug-Prinzip» (Art. 184 N 181 ff) zu entsprechen. Die dort vorbehaltene einschränkende Berufung auf anderslautende Parteiabrede und Übung ist exemplifikativ und deshalb nicht als Abweichung von Art. 75 (Vertrag und besondere Natur des Rechtsverhältnisses sind hier auch nur Beispiele) zu verstehen. Dennoch hat Art. 184 II keine rein deklaratorische Bedeutung. Zwar regelt Art. 75 den *Zeitpunkt der Erfüllung,* und auch Art. 184 II befasst sich mit dem Erfüllungsvorgang in zeitlicher Hinsicht. Er antwortet aber nicht – wie Art. 75 – auf die Frage nach dem *Wann* (Prinzip der «Augenblickserfüllung»), sondern nach dem *Wie* der Erfüllung (Gleichzeitigkeitsprinzip): Sie muss «Zug um Zug», d. h. *«gleichzeitig»* stattfinden – ein Erfordernis, das den *Leistungsaustausch* (und daher nur zweiseitige Verträge) betrifft: Dieser hat sich «sofort» abzuwickeln (sonst wird das Prinzip der Gleichzeitigkeit verletzt, was gemäss Art. 82 zur Einrede des nicht erfüllten Vertrags führt, vgl. Art. 184 N 189 ff). Jedoch sagt Art. 184 II nichts über den *Zeitpunkt der Erfüllung* aus. Letzterer richtet sich – falls keine besondere Vorschrift etwas anderes anordnet – nach der allgemeinen Norm Art. 75. Bringt nun Art. 211 in dieser Hinsicht eine Änderung?

51 Nicht rechtzeitige Erfüllung zieht Verzugsfolgen nach sich (Gläubiger- bzw. Schuldnerverzug usw.).

2. Zeitpunkt der Empfangnahme: Grundsatz

Art. 211 *Abs. 2* stellt das Gebot *sofortiger* Empfangnahme 52 auf; es sei denn, dass etwas anderes vereinbart oder üblich ist. Er spricht damit einen verbindlichen Grundsatz aus: Wie die Erfüllung der eigenen Pflichten (Besitz- und Eigentumsverschaffung, Kaufpreiszahlung) muss auch die komplementäre Mitwirkungshandlung des Käufers («Empfangnahme» als Obliegenheit) *ohne unnötige Verzögerung* vollzogen werden. Trotz verschiedener Wortwahl – Art. 75: «sogleich», und Art. 211 II: «sofort» (Art. 184 II: «Zug um Zug» ordnet inhaltlich wie funktionell etwas anderes an, nämlich die «Gleichzeitigkeit»!) – wollte der Gesetzgeber keine *inhaltlichen* Unterschiede statuieren. *Art. 211 II bekräftigt vielmehr rein deklaratorisch das bereits in Art. 75 verankerte Prinzip der «Augenblickserfüllung»:* Vom Käufer wird gefordert, dass er die ihm gehörig angebotene Ware ohne unnötiges Zögern abnimmt. «Unnötig» ist eine nicht durch die Natur der Sache, technische oder sonstige Notwendigkeiten bedingte Verzögerung. Eine solche begründet den Tatbestand des Abnahmeverzugs.

Der Gesetzgeber hat daher wohl die *Zeitdauer,* nicht aber den *Zeitpunkt* be- 53 stimmt, ab welchem der Käufer die vertragskonform angebotene Ware ohne unnötigen Verzug in Empfang zu nehmen hat. Das «Wann» ergibt sich indirekt aus der zeitlichen Abfolge zwischen Besitzverschaffung und Empfangnahme. Sobald der Verkäufer alles in seiner Macht Liegende getan hat, um die tatsächliche Sachherrschaft des Käufers zu begründen, beginnt die Empfangnahmefrist («sofort») zu laufen.

3. Zeitpunkt der Annahme: Grundsatz

Wann hat der Käufer die Ware als Erfüllung «anzunehmen»? 54 Art. 211 *Abs. 1* unterlässt es, hierüber eine klare Anordnung zu treffen. Es kann kein bewusstes Schweigen des Gesetzgebers vorliegen. Somit gilt Art. 75 analog für die Annahmeobliegenheit des Käufers. Danach hat er die gehörig angebotene Ware «sogleich» – d.h. *ohne unnötigen Verzug* – anzunehmen, falls nicht «Vertrag» oder *«Natur des Rechtsverhältnisses»* eine Verzögerung rechtfertigen. «Ohne unnötigen Verzug» gibt Antwort auf die Frage «wie lange» (Zeitdauer), 55 nicht jedoch Auskunft über das «Wann», den Zeitpunkt des Beginns. Er wird durch die «Empfangnahme» bzw. deren ungerechtfertigte Verweigerung – gewissermassen als Sanktion für ihre Vereitelung – ausgelöst.

56 Wie lange darf sich der Käufer Zeit lassen, um die empfangene Ware als Erfüllung anzunehmen? Grundsätzlich hat dies – wie bereits erwähnt (vorn N 54) – «ohne unnötige Verzögerung» zu erfolgen. Was ist darunter zu verstehen? Eine weitere Konkretisierung bringt die Auslegung des Begriffs «nötig»: Wer annehmen soll, muss vorher Gelegenheit haben, die Vertragskonformität der Ware zu prüfen. Das kann nur, wer sie besitzt. Die Frist zur Annahme dauert so lange, als man normalerweise benötigt, um die der Art des betreffenden Vertragsgegenstands angemessene Routinekontrolle gemäss *den einzelnen die gehörige Erfüllung ausmachenden Erfordernissen* (Erbringung des qualitativ und quantitativ richtigen Leistungsinhalts an die richtige Person durch die richtige Person zur richtigen Zeit am richtigen Ort) *wirksam durchführen zu können*. Nach reaktionslosem Ablauf der hierzu erforderlichen Zeitspanne tritt *Genehmigungseffekt* ein. Das länger dauernde Stillschweigen bedeutet – weil nach den Umständen eine ausdrückliche Reaktion erwartet werden darf (analog Art. 6) – Annahme. Ist eine Vertragswidrigkeit bei der normalen Routinekontrolle nicht feststellbar, dann beginnt die Annahmefrist erst ab Entdeckung zu laufen. Der Genehmigungseffekt kann somit entkräftet werden.

4. Abweichungen vom Grundsatz

57 Gestützt auf den analog geltenden Art. 75 muss der Käufer die Ware nur dann «sogleich» annehmen (Art. 211 I), falls weder «Vertrag» noch «Natur des Rechtsverhältnisses» etwas anderes vorsehen. Demgegenüber nennt Art. 184 II nebst abweichender «Vereinbarung» als weiteren Vorbehalt *«Übung»*. Art. 211 II (Empfangnahme) spricht neben «vereinbart» von *«üblich»*. Durch teleologische und logische Auslegung kann leicht ermittelt werden, dass es sich nicht um *gewollte* Unterschiede zwischen Art. 75 und Art. 211 II handelt, sondern nur um eine zufällig andere Wahl bei der exemplifikativen Aufzählung der Abweichungen vom «Augenblicksprinzip». Der Käufer hat daher eine ihm gehörig angebotene Sache einzig dann ohne unnötige Verzögerung als Erfüllung anzunehmen, wenn aus Gesetz, Vertrag, Übung, Rechtsnatur sowie ganz allgemein auf Grund von Treu und Glauben kein anderes zeitliches Erfordernis ableitbar ist.

VII. Rechtsfolgen der Empfangnahme- und Annahmeverweigerung

1. Vorbemerkungen

Vorausgestellt werden muss die Tatsache, dass der Käufer ein 58 *unvollständiges* Leistungsangebot ablehnen darf, ohne Art. 211 zu verletzen. Die Konsequenz trifft nur den Verkäufer: Sein Erfüllungsversuch ist gescheitert, und er gerät in Schuldnerverzug.
Hier interessiert nun die Rechtsstellung des Käufers bei *ungerechtfertigter Ver-* 59 *weigerung* von Empfangnahme oder Annahme. Art. 211 schweigt sich darüber aus; dies jedoch nicht im qualifizierten Sinn. Vielmehr erteilen die allgemeinen Vorschriften Auskunft. Die Normzuständigkeit hängt davon ab, ob wir es im konkreten Fall mit einer Obliegenheits- oder Pflichtverletzung (gemäss besonderer Abrede usw., vgl. vorn N 25 und 35 ff), zu tun haben.

2. Rechtsfolgen der Empfangnahmeverweigerung

a) Bei Obliegenheitscharakter

Verweigert der Käufer die Empfangnahme des Kaufobjekts 60 ohne zureichenden Grund, dann erleidet er den für Obliegenheitsverletzungen typischen Rechtsverlust (Art. 184 N 153 f), korrigiert und ergänzt durch die Normen über den Gläubigerverzug (Art. 91 ff).
Die *logische* Konsequenz der Verweigerung bestünde eigentlich im Verlust des 61 Anspruchs auf Besitzverschaffung und damit indirekt auch auf Eigentumsverschaffung. Wegen der gegenseitigen Abhängigkeit der beiden Verkäuferpflichten (Art. 184 N 150) sowie des synallagmatischen Charakters des Kaufvertrags entfiele grundsätzlich die eigene Leistung (Kaufpreiszahlung).
Um diese dem Empfangnahmeverweigerer mitunter willkommene Folge seiner 62 vertragswidrigen Handlung (bequeme, denn konsequenzlose Auflösung des Vertrags) und andererseits unangemessene Nachteile seiner Obliegenheitsverletzung – etwa Verlust des Anspruchs ohne eigene Leistungsbefreiung bei Untergang der Ware nach erfolgter vertragskonformer Oblation – zu vermeiden, hat der Gesetzgeber mit den Normen über den *Gläubigerverzug* (Art. 91 ff) ein ausgleichendes Korrektiv geschaffen: Der Verkäufer wird durch die Fiktion gehöriger Erfüllung zwar von der Leistungspflicht befreit, es werden ihm jedoch

besondere Sorgfaltspflichten zur Wahrung des Bestands der Kaufsache bzw. zur Werterhaltung aufgebürdet: Hinterlegung (Art. 92) und Notverkauf (Art. 93). Im Prinzip sind das *Erfüllungssurrogate.* Der die Empfangnahme verweigernde Käufer verliert seinen Anspruch auf die primäre Leistung (die Sache) nur beim Notverkauf; er büsst sonst lediglich gewisse Vorteile ein (die Bringschuld wird zur Holschuld), und es treffen ihn bestimmte Nachteile (Übergang der Gefahr, Belastung mit den Hinterlegungskosten).

63 Nur bei *anderen* als Sachleistungen – beim Kauf daher nicht aktuell – drängt sich eine abweichende Lösung auf. Hier verliert der seine Obliegenheit verletzende Vertragspartner den Anspruch: Die Gegenpartei kann gestützt auf die Normen des Schuldnerverzugs vom Vertrag zurücktreten (Art. 95).

b) Bei Pflichtcharakter

64 Den Parteien steht es frei – wie vorn N 35 ausgeführt –, der «Empfangnahme» Pflichtcharakter zu verleihen. Deren Verweigerung bewirkt unterschiedliche Rechtsfolgen, je nachdem, ob sie im konkreten Fall eine Hauptpflicht, primäre Nebenpflicht oder sekundäre Nebenpflicht darstellt. Ist sie *Hauptpflicht,* so sind prinzipiell die in Art. 107 ff umschriebenen Rechtsbehelfe bei Schuldnerverzug in synallagmatischen Vertragsverhältnissen anwendbar: Der Verkäufer kann Erfüllung der Abnahmepflicht verlangen, aber nach seiner Wahl auch unter Berechnung des positiven Vertragsinteresses auf sie verzichten und sogar vom Kaufvertrag zurücktreten. Ein Rücktritt vom Vertrag ist jedoch nicht möglich, wenn lediglich eine *primäre Nebenpflicht* in Frage steht. Die Wahl des Verkäufers beschränkt sich dann auf nachträgliche gehörige Erfüllung und Schadenersatz.

65 Bildet die Empfangnahme eine *sekundäre Nebenpflicht* des Käufers, so kann sie nicht selbständig gerichtlich durchgesetzt werden.

3. Rechtsfolgen der Annahmeverweigerung

a) Bei Obliegenheitscharakter

66 Im wesentlichen geht es hier nur um die Unterschiede zur analogen Situation bei der Empfangnahmeverweigerung. Auszugehen ist von der Tatsache, *dass der Käufer die Ware abgenommen hat.* Wer eine ihm zwecks Erfüllung eines Kaufvertrags angebotene Sache in Empfang nimmt, schafft die Vermutung ihrer Annahme. Will der Käufer diesen Genehmigungseffekt vermeiden, muss er aktiv werden und sie verweigern: verbal, schriftlich oder durch

Realakt (der Käufer bringt die Ware in den Herrschaftsbereich des Verkäufers zurück; er stellt sie etwa in dessen Ladenlokal).

Der für eine Obliegenheitsverletzung typische Rechtsverlust manifestiert sich einmal als *Umkehr der Beweislast:* Der die Annahme verweigernde Käufer muss beweisen, dass die angebotene Leistung nicht den vertraglichen Bedingungen entspricht. Wenn der Beweis misslingt, hat er eine vertragskonforme Handlung des Verkäufers abgelehnt und verlöre demzufolge an sich seinen *Anspruch auf Eigentumsverschaffung.* Er dürfte die Sache nicht mehr behalten; der Verkäufer könnte sie deshalb vindizieren. Dieser für den Käufer vielleicht erwünschte Effekt (konsequenzlose Auflösung des Vertrags) musste durch normative Korrektur und Ergänzung vermieden werden. Der Gesetzgeber hat sie mit der Gläubigerverzugsordnung (Art. 91 ff) geschaffen. Obwohl nach dem Wortlaut Reaktion auf die Verweigerung der Annahme, erfasst sie nur die Fälle, in denen auch die Empfangnahme scheiterte. Ist diese aber erfolgt und die Ware somit dem Herrschaftsbereich des *Verkäufers* entzogen, kann er nicht mehr hinterlegen oder (bei Verderblichkeit) einen Notverkauf durchführen, wenn der Käufer die Annahme verweigert (Abweichung N 69). Die Normen des Gläubigerverzugs sind daher im Sinne einer Lückenausfüllung *analog* auf vorliegende Situation anzuwenden. 67

Das bedeutet, dass der Käufer die Ware in den Machtbereich des Verkäufers zurückbringen bzw. – falls dieser die Rücknahme ablehnt, weil er sich auf den Standpunkt stellt, vertragskonform geliefert zu haben – auf seine eigenen Kosten hinterlegen oder einen Notverkauf veranlassen muss. 68

Anders verhält es sich allerdings bei Verweigerung der Annahme durch *Realakt.* Hier hat der Käufer – gewissermassen durch Eigenmacht – die Sache in den Herrschaftsbereich des Verkäufers, und zwar ohne dessen Einverständnis, zurückgebracht. Damit ist die Ausgangsbasis für die direkte Anwendung der Gläubigerverzugsfolgen nach Art. 91 ff geschaffen, wie beim Empfangnahmeverzug. 69

Wird der Käufer vom Verkäufer auf Bezahlung des Kaufpreises belangt, weil die Zahlungsverweigerung das Motiv der Annahmeverweigerung bildet, trifft den Käufer der *Verlust prozessualer Vorteile* oder – anders ausgedrückt – die Nachteile der Beweislastumkehr: *Er* hat zu beweisen, dass die Sache den vertraglichen Abmachungen nicht entspricht. 70

Wenn der Käufer bei Annahmeverweigerung seine Hinterlegungsobliegenheit missachtet, oder derelinquiert er gar die Ware, so hat er bei Verlust infolge der auf ihn übergegangenen Gefahrtragung für den Schaden aufzukommen. 71

b) Bei Pflichtcharakter

72   Die Parteien können der «Annahme» Pflichtcharakter verleihen (vorn N 25). Dem Verkäufer stehen dann je nachdem sämtliche Rechtsbehelfe des Schuldnerverzugs gemäss Art. 107ff (Hauptpflicht) oder lediglich Klage auf gehörige Erfüllung und Schadenersatz (primäre Nebenpflicht) zur Verfügung. Nicht selbständig durchsetzbar wäre die Annahme im Falle ihrer Einstufung als sekundäre Nebenpflicht.

VIII. Beweislastverteilungsregeln

1. Vorbemerkungen

73   Gemäss Art. 8 ZGB hat das Vorhandensein einer Tatsache zu beweisen, wer aus ihr Rechte ableitet; somit der Schuldner, welcher gegenüber Ansprüchen des Gläubigers die gehörige Erfüllung seiner Vertragspflichten behauptet (VON TUHR/SIEGWART/ESCHER 32).

2. Beweislast des Verkäufers

74   Daher trifft den *Verkäufer* die Beweislast für die Vertragsmässigkeit seiner Lieferung, solange der Käufer den Kaufgegenstand noch nicht besitzt; sei es, dass der Verkäufer, der Vorauszahlung verlangt, ihn zurückbehält, sei es, dass der Käufer die Empfangnahme verweigert (SJZ *47* 1951 379; FURRER 63).

3. Beweislast des Käufers

a) Bei Annahme

75   Wenn jedoch der Käufer die Sache *als Erfüllung angenommen* hat, trägt *er* die Beweislast für Vorliegen bzw. Erheblichkeit der behaupteten Mängel (VON TUHR/SIEGWART/ESCHER 32, GULDENER, Beweiswürdigung und Beweislast, Zürich 1955, 68; BGE *23* II 1823 und *26* II 806). Diesen für das schweizerische Recht selbstverständlichen Grundsatz formuliert BGE 363 ausdrücklich.

In der Annahme liegt eine (wenigstens vorläufige) Anerkennung der Vertragsmässigkeit des angebotenen Kaufobjekts (kein Verzicht auf Gewährleistungsansprüche für *geheime Mängel,* vgl. zum Begriff Art. 201 N 80). Der Käufer, welcher Sachmängel geltend macht, muss also durch deren Nachweis dartun, dass der Vertrag nicht gehörig erfüllt worden ist. Er hat auch zu beweisen, dass die Mängel schon im *massgebenden Zeitpunkt* (Art. 197 N 78) bestanden haben und nicht erst später, möglicherweise durch ihn selbst verursacht, entstanden sind (BGE *23* II 1823 f; von Tuhr/Siegwart/Escher 32). Eine Umkehrung der Beweislast tritt aber ein, wenn der Verkäufer dem Käufer die Beweisführung in einer gegen Treu und Glauben verstossenden Weise erschwert oder verunmöglicht, z. B. indem er die ihm zur Abklärung der Mängel wiederum zur Verfügung gestellte Ware weiterveräussert (vgl. Soergel/Siebert/Ballerstedt, BGB 459 N 44).

b) Bei Empfangnahme

Empfangnahme bedeutet im Gegensatz zur Annahme *rein tatsächliche Entgegennahme* des Kaufgegenstands (vorne N 26 ff). Die *deutsche Doktrin* folgert teilweise e contrario aus BGB 363, dass sie noch nicht zu einer Verschiebung der Beweislast auf den Käufer führe; der Verkäufer bleibe m. a. W. auch nachher für die gehörige Vertragserfüllung (d. h. etwa die Mängelfreiheit des Kaufgegenstands) beweispflichtig (in diesem Sinne u. a. RGZ *66* 279 ff; a. M. – allerdings mit unzutreffender Begründung – Leo Rosenberg, Die Beweislast, 5. A. München 1965, 352 ff). Was die Frage der Beweislast anbelangt, ergäbe sich deshalb folgende Konsequenz: Nimmt der Käufer die Ware zur Prüfung entgegen und rügt er beispielsweise einen festgestellten Sachmangel rechtzeitig gemäss Art. 201, dann hat er die Lieferung des Verkäufers nicht genehmigt, d. h. nicht als gehörige Erfüllung angenommen. Der *Verkäufer* müsste daher beweisen, dass die gelieferte (und vom Käufer zwecks Prüfung allenfalls schon eingelagerte) Ware im Zeitpunkt der Ablieferung mängelfrei gewesen sei (negativer Beweis). Dieses Resultat verstösst gegen elementare Beweisgrundsätze und ist vor allem mit der besonderen Interessenlage unvereinbar: Nach der Abnahme befindet sich die gelieferte Kaufsache im Machtbereich des Käufers. Die geltend gemachten Mängel hat er möglicherweise selbst verursacht (von Tuhr/Siegwart/Escher 32). Es entspricht demnach der Billigkeit, vom *Käufer* den Beweis der nichtgehörigen Erfüllung zu verlangen.

4. Fazit

78 Somit ist die Beweislast grundsätzlich wie folgt zu verteilen:
- Lehnt der Käufer ein ihm als Vertragserfüllung angebotenes Objekt gleich als fehlerhaft ab, d. h. verweigert er die Empfangnahme, trägt der *Verkäufer* die Beweislast für gehörige Erfüllung, etwa für Mängelfreiheit.
- Nimmt der Käufer das Objekt zur Prüfung entgegen, trifft ihn die Beweislast für im Lauf der Untersuchung eventuell entdeckte und i. S. v. Art. 201 rechtzeitig gerügte Mängel, sofern die Empfangnahme nicht unter dem *ausdrücklichen Vorbehalt* erfolgte, dass dadurch die Beweislast keinesfalls zu seinen Ungunsten verschoben werde.
- Hat der Käufer durch Unterlassen der Mängelrüge das Objekt hinsichtlich der erkennbaren Mängel genehmigt, d. h. *als Erfüllung angenommen,* muss *er* allfällige geheime Mängel beweisen.

Art. 212

II. Bestimmung des Kaufpreises

[1] Hat der Käufer fest bestellt, ohne den Preis zu nennen, so wird vermutet, es sei der mittlere Marktpreis gemeint, der zur Zeit und an dem Orte der Erfüllung gilt.
[2] Ist der Kaufpreis nach dem Gewichte der Ware zu berechnen, so wird die Verpackung (Taragewicht) in Abzug gebracht.
[3] Vorbehalten bleiben die besonderen kaufmännischen Übungen, nach denen bei einzelnen Handelsartikeln ein festbestimmter oder nach Prozenten berechneter Abzug vom Bruttogewicht erfolgt oder das ganze Bruttogewicht bei der Preisbestimmung angerechnet wird.

II. Détermination du prix

[1] Si l'acheteur a fait une commande ferme, mais sans indication de prix, la vente est présumée conclue au cours moyen du jour et du lieu de l'exécution.
[2] Lorsque le prix se calcule sur le poids de la marchandise, le poids de l'emballage (tare) est déduit.
[3] Sont réservés les usages particuliers du commerce, d'après lesquels le prix de certaines marchandises se calcule, soit sur le poids brut, soit avec déduction fixe ou de tant pour-cent.

II. Determinazione del prezzo

[1] Ove siasi comperato fisso senza indicazione di prezzo, si ritiene nel dubbio pattuito il prezzo medio del mercato al momento e nel luogo dell'adempimento.
[2] Ove il prezzo debba calcolarsi sul peso della merce, si deve dedurre il peso dell'imballaggio (tara).
[3] Sono salvi gli usi particolari del commercio, secondo cui il prezzo di certe merci viene calcolato con una deduzione fissa o di un tanto per cento, o sul peso lordo.

		Note	Seite
Übersicht	Materialien	1	639
	Literatur	2	639
	Rechtsvergleichung	3	639
	A. *Vorbemerkung über die Bestimmbarkeit vertraglicher Leistungen*	4	640
	B. *Kaufpreisbestimmung: Kauf ohne Nennung des Preises*	5	640
	I. Grundsatz und Voraussetzungen	5	640
	II. Dispositive Natur von Art. 212	6	641
	III. Sachlicher Geltungsbereich: Voraussetzungen im einzelnen	7	641
	1. «Marktpreis» als Faktor der Kaufpreisbestimmung	7	641
	a) Begriff	7	641
	b) Berechnung	11	642
	c) Beweislastverteilung	13	642
	2. «Ort der Erfüllung» als Faktor der Kaufpreisbestimmung	14	642
	3. «Zeitpunkt der Erfüllung» als Faktor der Kaufpreisbestimmung	15	643
	C. *Kaufpreisberechnung: bei Kauf nach Gewicht*	16	643
	I. Vorbemerkungen	16	643
	II. Bedeutung, Begriff und Rechtsnatur von Ware und Verpackung	17	644
	1. Begriff der Ware gemäss Art. 212 II	17	644
	2. Begriff der Verpackung gemäss Art. 212 II	20	644
	3. Arten der Verpackung	24	645
	4. Sachlicher Anwendungsbereich von Art. 212 II	27	646
	III. Grundsätzliches	29	647
	1. Vorrang der Parteiabrede	29	647
	2. Berechnungsart: Berechnung nach Nettogewicht	30	647
	3. Gewichtsbestimmung der Tara	32	648
	4. Kostentragung für Verpackung	33	648
	IV. Besondere Regeln über die Berechnungsart	34	648
	1. Berechnung nach Bruttogewicht	34	648
	2. Gewährung vom Gutgewicht	36	648
	3. Gewährung vom Refaktie	37	649
	4. Berechnung nach Original- oder Effektivgewicht	38	649

Materialien   aOR 261, 262; E *1905/09* 1252, 1253.   1

Literatur   Vgl. Übersicht in Art. 184 N 2.   2

Rechts-   BGB 453; HGB 380; CCit 1474.   3
vergleichung

A. Vorbemerkung über die Bestimmbarkeit vertraglicher Leistungen

4 Grundsätzlich kommt ein Vertrag nur dann rechtsgültig zustande, wenn mit Bezug auf seine wesentlichen Elemente Konsens vorliegt. Dies würde an sich bedeuten, dass die Hauptleistungen *bestimmt* sein müssten. Gemäss Art. 184 III genügt aber die *Bestimmbarkeit* der vertraglichen Leistungen, also auch des Kaufpreises. Sie setzt allerdings voraus, dass die Bestimmungs*art* zur Zeit des Vertragsabschlusses feststeht und sich der Kaufpreis *ohne neue Einigung* anhand von subjektiven, objektivierten oder objektiven Kriterien bestimmen lässt (vgl. Art. 184 N 222 ff). Das Genügen der blossen «Bestimmbarkeit» ermöglicht es deshalb, Rechte und Pflichten der Parteien *nach* der vertraglichen Einigung zu konkretisieren. Entscheidend ist – anders ausgedrückt –, dass die nähere Bestimmung von Ware und Preis nur auf der Basis *einer bereits bei Vertragsabschluss getroffenen Vereinbarung* über die anzuwendenden Konkretisierungsmittel und -faktoren erfolgen kann (vgl. Art. 184 N 223). Sie untersteht so der Kontrolle des nachträglich wirksam werdenden Parteiwillens. Das schliesst Parteiwillkür aus.

B. Kaufpreisbestimmung: Kauf ohne Nennung des Preises

I. Grundsatz und Voraussetzungen

5 Als Grundlage der objektiven Preisbestimmung stellt Art. 212 I eine *gesetzliche Vermutung* auf (zum Begriff der objektiven Bestimmbarkeit vgl. Art. 184 N 223). Es gilt danach der «mittlere Marktpreis», wenn kumulativ folgende Voraussetzungen erfüllt sind:
– Fehlen einer abweichenden ausdrücklichen oder konkludenten Parteiabrede,
– Existenz eines am Erfüllungsort zur Erfüllungszeit nachweisbaren Marktpreises.

II. Dispositive Natur von Art. 212

Art. 212 I ist dispositiver Natur. Es steht den Parteien frei, 6
den Kaufpreis im Rahmen der zu *Art. 184* entwickelten Grundsätze (N 222 ff)
beliebig (mithin auch abweichend vom Marktpreis) zu bestimmen.

III. Sachlicher Geltungsbereich: Voraussetzungen im einzelnen

1. «Marktpreis» als Faktor der Kaufpreisbestimmung

a) Begriff

Unter «Marktpreis» versteht man denjenigen Preis, der für 7
eine Kaufsache bestimmter Gattung von durchschnittlicher Güte an einem bestimmten Handelsplatz zu entrichten ist. Dazu eingehend Art. 191 N 44 ff. Gleiche Bedeutung hat der *Börsenpreis* (vgl. GUHL/MERZ/KUMMER 295; PALANDT/GRAMM, BGB *433* 358; STAUDINGER/OSTLER, BGB *433* N 34).
Wenn es keinen eigentlichen Marktpreis gibt, genügt auch der sog. *Verkäuflich-* 8
keitspreis den Anforderungen von Art. 212 I, d.h. der Preis, zu welchem Waren nach dem natürlichen Lauf der Dinge und nach der allgemeinen Lebenserfahrung verkauft werden können. Ob die betreffende Ware in Wirklichkeit auf einem öffentlichen Markt feilgeboten wird oder nicht, spielt keine Rolle.
Die Zulassung des «Verkäuflichkeitspreises» als Bestimmungsfaktor des Kauf- 9
preises unter dem Regime von Art. 212 I macht klar, dass der dort verwendete Begriff «Marktpreis» nicht nur extensiv auszulegen ist, sondern gewissermassen als Prototyp für die *«objektive* Bestimmbarkeit» schlechthin steht. Der Gesetzgeber spricht mit seiner «Vermutung» den hypothetischen Willen der Parteien aus. Würden sich die objektivierte wie subjektive Bestimmbarkeit nicht ebensogut dazu eignen? Aus den Materialien kann nicht zweifelsfrei auf ein qualifiziertes Schweigen geschlossen werden, so dass logische und teleologische Auslegung Platz greifen müssen. Es geht im Kern um eine Grenzziehung zwischen Zustandekommen und Scheitern eines Vertrags. Ausgangsbasis bildet die Tatsache, dass sich die Parteien *bei Vertragsabschluss* über alle wesentlichen Elemente zu einigen haben; sei dies ausdrücklich, stillschweigend oder konkludent. Hierzu gehört auch die Einigung darüber, auf welche Art die vertraglichen Leistungen nachträglich zu konkretisieren seien (vgl. N 4). *Art. 212 I bevorzugt nun*

die *«objektive Bestimmbarkeit»* insofern, als eine Abrede über die nachträgliche Bestimmung hier nicht zu beweisen ist; sie wird gesetzlich vermutet.

10 Objektive Bestimmungselemente sind Markt- und Börsenpreis. Der Nachweis ihres Vorhandenseins genügt. Das gleiche gilt mit Bezug auf den «Verkäuflichkeitspreis»; denn «Marktpreis» steht in Art. 212 I stellvertretend für jede objektive Bestimmungsmethode. Sie muss aber – was Objektivitätsgrad wie Berechenbarkeit betrifft – gleichwertig sein. Das bedeutet, dass individuelle Preisbildungen von vornherein ausser Betracht fallen. Der alleinige Hinweis etwa auf den «gerechten» Preis (iustum pretium) ist ebenso unzureichend wie derjenige auf den «angemessenen» oder «vernünftigen» Preis. Auch das arbitrium boni viri genügt nicht. Der Preis muss vielmehr als «üblich» gelten. Jedoch darf dieser Erfahrungswert nicht auf dem Urteil eines Dritten (objektivierte Bestimmbarkeit) beruhen, sondern er muss sich aus einer *Vielzahl gleichgelagerter Fälle* ergeben. Es ist m.a.W. eine gewisse Generalisierung notwendig. Nur so rechtfertigt sich die in Art. 212 I verankerte Beweisumkehr hinsichtlich der vorgängigen Einigung über die Bestimmungsart: Der generalisierte Preis gilt als hypothetischer Parteiwille.

b) Berechnung

11 Wenn für bestimmte Handelsplätze der Marktpreis amtlich festgelegt wird, bildet er die Grundlage der Preisberechnung nach Art. 212 I, falls nicht ein abweichender tatsächlicher Marktpreis nachgewiesen werden kann.

12 Beim Fehlen eines offiziellen Kurses wählt Art. 212 I den *«mittleren* Marktpreis» als Massstab, d.h. den Durchschnitt von verschiedenen Schätzungswerten. Die gleiche Berechnungsmethode findet auf alle übrigen Varianten der objektiven Bestimmbarkeit Anwendung (z.B. Verkäuflichkeitspreis).

c) Beweislastverteilung

13 Wer sich zur Bestimmung und Berechnung des Kaufpreises auf den Marktpreis beruft, hat dessen Existenz und Höhe zu beweisen.

2. *«Ort der Erfüllung» als Faktor der Kaufpreisbestimmung*

14 Massgebend für die Bestimmung des gemäss Art. 212 I subsidiär als Kaufpreisberechnungsgrundlage dienenden Marktpreises ist der Ort, an welchem der Verkäufer nach Vertrag oder Gesetz zu erfüllen hat (Erfüllungs-

ort), und nicht der Ort, an dem er tatsächlich erfüllt (Ablieferungsort), selbst wenn er es im Einverständnis mit dem Käufer tut (gl. M. STAUDINGER/OSTLER, BGB 453 N 1).

3. «Zeitpunkt der Erfüllung» als Faktor der Kaufpreisbestimmung

«Zeit» der Erfüllung ist der Zeitpunkt, an dem gemäss Vertrag oder Gesetz erfüllt werden *soll*. Der Verkäufer darf nicht durch Hinauszögern der Erfüllung auf Kosten des Käufers spekulieren; für ein Sinken der Preise während des Verzugs trägt der Verkäufer ja schon gemäss Art. 103 die Verantwortung. 15

C. Kaufpreisberechnung: Bei Kauf nach Gewicht

I. Vorbemerkungen

Geht es beim Kauf um Ware, die ihrer Natur und Sachbeschaffenheit nach preislich vernünftigerweise nur über das Gewicht erfasst werden kann oder deren Preis die Parteien vom Gewicht abhängig machen, so stellt sich eine Reihe wichtiger Fragen: Hat man den Kaufpreis vom Totalgewicht (Ware und Verpackung) zu berechnen? Wenn nicht, was gehört dann zur «Ware» und was ist «Verpackung»? Betrifft Art. 212 II und III einzig Gattungsware oder erstreckt sich sein sachlicher Geltungsbereich auch auf Speziessachen, falls ihr Gewicht den Preis bestimmt? Die Beantwortung solcher Fragen hat praktische Tragweite, weil damit in die umfangmässige Bestimmung der *einen* Hauptleistung, des Kaufpreises, eingegriffen wird. 16

II. Bedeutung, Begriff und Rechtsnatur von Ware und Verpackung

1. Begriff der Ware gemäss Art. 212 II

17 «Ware» ist hier zunächst einmal Hauptelement des Kaufs, dessen Rechtsnatur im Umsatz, dem Austausch von Sachen gegen Geld, besteht (vgl. Art. 184 N 6 ff). Objekt des Kaufvertrags können bewegliche und unbewegliche Sachen, Rechte wie Naturkräfte sein, sofern sie verkehrsfähig und nicht widerrechtlich, unsittlich oder unmöglich sind (ausführlich hierüber im später erscheinenden Systematischen Teil). Art. 212 II handelt nur von solcher Ware, deren Wert durch ihr *Gewicht* bestimmt wird. Diese spezifische Abhängigkeit des Kaufpreises vom Gewicht bildet das einzige substantielle Begriffsmerkmal. Hierzu kommt – das ergibt sich aus der ratio legis – ein funktionelles Kriterium: die besondere Verbindung von Gegenstand und Verpackung zu einer mehr oder weniger engen tatsächlichen und allenfalls rechtlichen Schicksalsgemeinschaft. Wegen ihrer Sachbeschaffenheit sind Rechte, unbewegliche Objekte wie bewegliche Sachen, bei denen keine Trennung zwischen eigentlicher Ware und Verpackung möglich ist (etwa Naturkräfte, z. B. Elektrizität: Hier dient die Anlage als Medium und wird preislich in Form eines «Amortisationszuschlags» erfasst), vom sachlichen Geltungsbereich des Art. 212 II ausgeschieden.

18 Das Gesetz hat die Abhängigkeit des Kaufpreises vom Gewicht nicht auf Gattungsware beschränkt. An sich können somit auch Speziessachen unter den Begriff «Ware» gemäss Art. 212 II fallen. Der den Parteien belassene Spielraum, den Wert von Speziessachen nach ihrem Gewicht zu bestimmen, wird begrenzt durch die allgemeinen Grundsätze, wie Treu und Glauben, Beachtung der guten Sitten usw. (beispielsweise kein Gewichtspreis für echte Gemälde).

19 Art. 212 II spricht bloss von «Gewicht». Eine extensive Auslegung drängt sich auf: Die Vorschrift gilt analog auch für *Masseinheiten* (Hohlmasse: Gallonen, Liter usw., Flächenmasse, Längenmasse, physikalische Masse wie Kilowatt).

2. Begriff der Verpackung gemäss Art. 212 II

20 «Verpackung» ist eine Substanz, die zum Kaufgegenstand selbst in einem untergeordneten *funktionellen* Zusammenhang steht. Sie besitzt immer nur *akzessorischen* Charakter und keinen *eigenständigen* Wert. Einen berechenbaren Wert erhält sie durch die Verbindung mit der «Ware».

Der Verpackungscharakter fehlt deshalb dort, wo die sog. «Verpackung» *Be-* 21
standteil der Ware bildet. Das ist der Fall, wenn über den funktionellen Zusammenhang hinaus inhaltliche, substantielle Identität vorliegt, d. h. eine Einheit zwischen «Verpackung» und «Ware».

Weist aber die sog. «Verpackung» *Zugehör*charakter zur Ware auf (bei gestei- 22
gerter Funktionalität: Schachbrett eingebaut in Kasten; Flaschen; Nähschachtel mit Inhalt usw.), so kann durchaus zwischen eigentlicher Kaufsache und Verpackung unterschieden werden. Eine derart enge Beziehung zwischen Ware und Verpackung bejaht das Bundesgericht weitgehend gestützt auf die deutsche Doktrin (u.a. STAUDINGER/OSTLER, BGB 459 N 40), wenn die Emballage «mitverkauft ist oder wenn sie nicht bloss der Versendung der Ware dient, sondern ein Mittel zu ihrer Erhaltung, Brauchbarkeit oder Verkäuflichkeit» darstellt (BGE *96* II 118). Mit der Doktrin (OSER/SCHÖNENBERGER, Art. 188 N 2; STAUDINGER/OSTLER, BGB 448 N 6) spricht es davon, dass in diesem Fall die Verpackung «Teil der Ware» sei (BGE *96* II 118). Trotzdem kann das nur im Sinne der Zugehörqualität gemeint sein.

Über die gesetzliche Kostenverteilungsordnung (Übergabekosten) vgl. Art. 188 23
N 13 ff.

3. Arten der Verpackung

Die verschiedenen Arten der Verpackungen werden am 24
zweckmässigsten nach ihrer *Funktion* im Hinblick auf die Kaufsache auseinandergehalten, weil dies Rückschlüsse auf Kaufpreisbestimmung und -berechnung zulässt.

Extern- und Internfunktion, Überbrückungs- und Dauerfunktion sind *überge-* 25
ordnete Kriterien, die in beinahe jeder der hier vorgenommenen Gruppierung von *Verpackungstypen* vorkommen. Externfunktion weist eine Verpackung auf, wenn sie die Ware vor schädlichen Einwirkungen von aussen abschirmt, aber auch, wenn die Verpackung irgendein visuelles Signal an die Aussenwelt abgibt. Dient sie jedoch dem Schutz der Sache vor Gefahren, die von ihr selbst ausgehen (Verderblichkeit usw.), dann sprechen wir von Internfunktion der Verpackung. Die Grenzen können fliessend sein. Je nach der Dauer der Zweckgemeinschaft zwischen Ware und Verpackung ist zwischen Überbrückung- und Dauerfunktion zu unterscheiden.

Über diese allgemeine Bedeutung hinaus gibt es verpackungstypische Funktio- 26
nen mit spezifischen Zwecken (Gruppierungen, Arten, Typen). So charakterisiert sich die *Transportfunktion* dadurch, dass mit der Verpackung lediglich an-

gestrebt wird, den Kaufgegenstand transportfähig zu machen. Deshalb ist ihre externe Bedeutung vorübergehender Natur. Besonders häufig hat die Verpackung *Schutzfunktion:* Die Verpackung kann hier intern oder extern wirken; sei es dauerhaft, sei es nur zur Überbrückung. Ihr verwandt sind *Konservierungs-* (interne Wirkung) und *Abschirmungsfunktion* (externe Wirkung). Letztere bezweckt etwa den Schutz der Umgebung vor Geruchsimmissionen (z. B. Käse). Wichtig ist ferner die *Repräsentationsfunktion,* welche zwar in erster Linie dem Prestigedenken des Verkäufers entspricht, gleichzeitig aber entsprechende ästhetische Bedürfnisse des Käufers befriedigen will. Damit wird ein passiver Reklameeffekt erzielt (Externfunktion zur Überbrückung und auf Dauer). Die Intensivwirkung (aktive Ausrichtung) führt zur eigentlichen *Werbefunktion,* die Überbrückungs- oder Dauercharakter besitzt und extern wirkt. Sodann kann die Verpackung der *Geheimhaltung,* der blossen *Etikettierung,* der *Unterscheidung* und der *Kategorisierung* (alle extern, vorübergehend wie dauernd) dienen. Etwas seltener ist die Funktion der *Umwandlung,* z. B. von Gattungsware in eine Speziessache (Intern- und Externwirkung, vorübergehend und dauernd). *Eigenfunktion* weist die Verpackung auf, wenn ihr im Verhältnis zur Kaufsache eine selbständige Bedeutung zukommt (z. B. Spraydose) und sie eine zusätzliche Leistung bedeutet (so die Geschenkpackung).

4. Sachlicher Anwendungsbereich von Art. 212 II und III

27 Art. 212 II und III finden auf sämtliche Waren Anwendung, deren Preis nach Gewicht oder Masseinheiten bestimmt wird, gleichgültig ob es sich um Gattung oder Spezies handelt. «Verpackung» und «Ware» dürfen hier keine substantielle (dann kommt sachnotwendig allein das Gesamtgewicht in Frage), sondern nur eine funktionelle Einheit darstellen.

28 Bestimmt sich der Preis *nicht* auf Grund von Gewicht und Mass, so wird vermutet, dass die Verpackung bei der Preisbildung berücksichtigt wurde. Eine ausdrückliche gesetzliche Regelung gibt es nicht.

III. Grundsätzliches

1. Vorrang der Parteiabrede

Die Formulierung von Art. 212 II hat rein feststellende 29
Natur. *Absatz 3* behält lediglich besondere kaufmännische Übungen vor. Das scheint – vom Wortlaut her beurteilt – dieser Vorschrift den Charakter zwingenden Rechts zu verleihen. Ratio legis und Normlogik machen jedoch klar, dass es sich um eine dispositivrechtliche Anordnung des Gesetzgebers handelt, weshalb das Erwähnen von besonderen kaufmännischen Übungen nur den Sinn eines Beispiels hat. Ob bei Gewichtsbestimmungen das Gewicht der Verpackung abgezogen werden muss, entscheidet vorab die Auslegung der Parteiübereinkunft (ausdrücklich, stillschweigend, konkludent).

2. Berechnungsart: Berechnung nach Nettogewicht

Wenn der Kaufpreis nach dem *Gewicht* der Ware berechnet 30
wird, (z.B. x Franken pro Kilogramm), so ist von Gesetzes wegen (Art. 212 II) *Nettogewicht* massgebend, d.h. das Bruttogewicht abzüglich Verpackung (Tara).
Art und Funktion (vgl. vorn N 24ff) ergeben manchmal – falls der Parteiabrede 31
keine eindeutigen Hinweise zu entnehmen sind – objektive Anhaltspunkte für oder gegen die Anwendung des in Art. 212 II verankerten Grundsatzes der Nettogewichtsberechnung. Als *Regel* gilt, dass die Verpackung namentlich dort nicht mitgewogen wird, wo sie «Mittel zum Zweck» darstellt, was auf beinah alle Funktionen zutrifft (Transport-, Schutz-, Konservierungs-, Abschirmungs-, Repräsentations-, Werbe-, Geheimhaltungs-, Unterscheidungs-, Etikettierungs-, Kategorisierungs- und Umwandlungsfunktion). *Kein* Abzug des Taragewichts erfolgt, wenn die Verpackung selbständigen Charakter nebst der Ware aufweist: Bei gesteigerter Funktionalität kommt ihr die Eigenschaft von Zugehör zu (z.B. Repräsentationseffekt im Interesse des *Käufers:* Ausrüstung, die dazu dienen soll, dass sich die Ware besser präsentiert; ferner Umwandlungszweck: von Gattungsware zu Spezies).

3. Gewichtsbestimmung der Tara

32   Das Gewicht ist grundsätzlich separat zu ermitteln und vom Bruttogewicht abzuziehen. Die Zulässigkeit der Berechnung nach einem bestimmten Prozentsatz (z. B. auf 100 Kilo ein Kilo Tara) setzt einen entsprechenden Vertrag oder Handelsgebrauch voraus.

4. Kostentragung für Verpackung

33   Die Kosten der Verpackung gehen übereinstimmend mit den in Art. 188 N 13 ff entwickelten Richtlinien prinzipiell zulasten des Verkäufers. Abweichungen ergeben sich allenfalls aus dem Vertrag sowie Handelsbräuchen und Übungen. Dabei sind stets die unterschiedlichen Funktionen der Verpackung zu berücksichtigen. Vgl. ferner hinten N 34.

IV. Besondere Regeln über die Berechnungsart

1. Berechnung nach Bruttogewicht

34   Nach OSER/SCHÖNENBERGER, Art. 212 N 11, ist das Bruttogewicht oft dann massgebend, wenn die Verpackung mitveräussert wird. Das kann zutreffen, muss es aber nicht. In erster Linie entscheidet der Parteiwille. Sollte er sich auch nicht konkludent oder stillschweigend kundtun, kommt das objektive Kriterium der Verpackungsfunktion zum Zug. Der Unterschied zwischen *Hilfs- und Eigenfunktion* wird den Ausschlag geben (hierzu vorn N 30).

35 Wenn die Verpackung (als Zugehör) zur Ware gehört, darf das Bruttogewicht ebenfalls nicht unbesehen der Kaufpreisbestimmung zugrunde gelegt werden. Es wäre ja denkbar, die «Ware» zum Nettogewicht, die «Verpackung» indessen separat zu einem sachbezogenen Preis zu verrechnen.

2. Gewährung von Gutgewicht

36   Das Gutgewicht ist ein Mehrgewicht, welches der Käufer über das zu bezahlende Gewicht hinaus als Zugabe auf der Basis von Vertrag oder Handelsgebrauch etwa wegen des Verlustes beim Detailweiterverkauf verlangen kann.

3. Gewährung von Refaktie

Refaktie ist ein Abzug vom Nettogewicht und mithin vom 37
Kaufpreis wegen der bei gewissen Waren (z. B. Kaffee) auftretenden besonderen
Verunreinigung. Auch dieser Abzug darf nur beansprucht werden, wenn Vertrag oder Handelsgebrauch ihn vorsehen.

4. Berechnung nach Original- oder Effektivgewicht

Ändert sich bei *Distanzgeschäften* das Gewicht während des 38
Transports der Ware, so ist im Zweifel nach der Usance zu entscheiden, ob das
Gewicht bei der Absendung (Originalgewicht) oder dasjenige bei der Ankunft
(Effektivgewicht) für die Preisberechnung massgebend sei (vgl. BGE *41* II 252 ff
bezüglich Manilahanf).

Art. 213

III. Fälligkeit und Verzinsung des Kaufpreises	**¹ Ist kein anderer Zeitpunkt bestimmt, so wird der Kaufpreis mit dem Übergange des Kaufgegenstandes in den Besitz des Käufers fällig.** **² Abgesehen von der Vorschrift über den Verzug infolge Ablaufs eines bestimmten Verfalltages wird der Kaufpreis ohne Mahnung verzinslich, wenn die Übung es mit sich bringt, oder wenn der Käufer Früchte oder sonstige Erträgnisse des Kaufgegenstandes beziehen kann.**
III. Exigibilité et intérêts du prix de vente	¹ Sauf convention contraire, le prix est exigible aussitôt que la chose est en possession de l'acheteur. ² Indépendamment des dispositions sur la demeure encourue par la seule échéance du terme, le prix de vente porte intérêts, même sans interpellation, si tel est l'usage ou si l'acheteur peut retirer de la chose des fruits ou autres produits.
III. Scadenza del prezzo ed interessi	¹ Quando non siasi stabilito altro termine, il prezzo diventa esigibile con la trasmissione del possesso della cosa venduta al compratore. ² Indipendentemente dalla disposizione sulla mora derivante dalla scadenza di un termine stabilito, il prezzo di vendita diventa produttivo d'interessi senza interpellazione, se tale è l'uso o se il compratore può percepire dalla cosa venduta frutti od altri proventi.

Übersicht		Note	Seite
	Materialien	1	650
	Literatur	2	650
	Rechtsvergleichung	3	650
	A. *Grundsatz: Zug-um-Zug-Leistung*	4	650
	B. *Verzinslichkeit des Kaufpreises*	7	651

1 Materialien	aOR 265, 266; E *1905/09* 1257, 1258.
2 Literatur	Vgl. allgemeine Literaturübersicht in Art. 184 N 2 sowie speziell: MEYLAN PHILIPPE, Droit romain dans l'art. 213 I CO?, in: Recueil de Travaux, publié par la Faculté de Droit à l'occasion de l'assemblée de la Société suisse des juristes à Lausanne du 4 au 6 octobre 1958 (Lausanne 1958).
3 Rechts-vergleichung	BGB 452; CCfr 1651 f; CCit 1498 f.

A. Grundsatz: Zug-um-Zug-Leistung

4   Entsprechend Art. 184 II bestimmt Art. 213 I, dass der Kaufpreis vorbehältlich abweichender Parteivereinbarung im Zeitpunkt der Übertragung des Besitzes am Kaufgegenstand auf den Käufer fällig wird. Unzutreffend ist die von MEYLAN 47 ff als Ergebnis einer weitausholenden historischen Analyse vertretene Ansicht, Art. 213 I begründe eine *Vorleistungspflicht* des Verkäufers, der Kauf sei also gemäss Gesetzestext ein Postnumerandogeschäft i. S. v. Art. 214 III. Obschon der Gesetzgeber in Art. 213 I die Formulierung «mit dem Übergange der Kaufgegenstandes» und nicht «*nach* dessen Übergabe» gewählt hat, geht doch aus dem Wortlaut nur hervor, dass der Verkäufer den Kaufpreis erst verlangen darf, wenn er seinerseits erfüllt bzw. Erfüllung anbietet, nicht aber, dass er vorleistungspflichtig ist. Die gegenteilige Auffassung widerspräche überdies Art. 184 II, was MEYLAN einsieht. Sie kann daher – will man dem historischen Gesetzgeber auch nur ein Mindestmass an Sinn für Systematik und Vernunft zubilligen – nicht zutreffen.

5 Das Bundesgericht hat übereinstimmend mit OSER/SCHÖNENBERGER, Art. 213 N 1, ebenfalls ausgeführt, dass Art. 213 I den Grundsatz der Zug-um-Zug-Liefe-

rung statuiert: Ein Verkäufer, der den Kaufpreis eintreiben will, muss deshalb
die Kaufsache gemäss Art. 91 f hinterlegt haben (BGE *79* II 283).
Zum Begriff der *Fälligkeit* vgl. BECKER, Art. 75 N 1 ff und 102 N 3 ff; ferner zum 6
Begriff der *Besitzübertragung* eingehend STARK, ZGB 922 ff. Vgl. sodann zur
Besitzverschaffungspflicht Art. 184 N 16 ff.

B. Verzinslichkeit des Kaufpreises

Die in Art. 213 II geregelte Verzinsbarkeit des Kaufpreises 7
hat dispositive Natur und richtet sich daher primär nach *Parteiübereinkunft*.
Ein Verzicht des Verkäufers auf Verzinsung ist in der Regel bei *Stundung* des
Kaufpreises anzunehmen (vgl. hierzu BGB 452 sowie OSER/SCHÖNENBERGER,
Art. 213 N 3). Es handelt sich aber um eine widerlegbare Vermutung.
Unabhängig vom Eintritt des Zahlungsverzugs infolge Ablaufs eines bestimm- 8
ten Verfalltags (Art. 102 *Abs. 2;* Abweichung von der grundsätzlichen Mahnungspflicht nach Art. 102 *Abs. 1*) hat der Käufer den Kaufpreis ohne Mahnung
zu verzinsen, wenn «die Übung es mit sich bringt».
Ebenso ist der Käufer ohne Mahnung zur Zahlung von Zinsen verpflichtet, 9
wenn er «Früchte oder sonstige Erträgnisse des Kaufgegenstandes beziehen
kann». Voraussetzung der Zinspflicht bildet demnach die *tatsächliche Möglichkeit,* Früchte oder Erträgnisse zu beziehen, und nicht erst der tatsächliche Bezug. Nur so ergibt Art. 213 II im Vergleich mit Art. 185 I einen vernünftigen
Sinn; gehen doch nach dieser Bestimmung Nutzen und Gefahr grundsätzlich
bei Abschluss des Kaufvertrags auf den Käufer über.
Der Begriff «Erträgnisse» ist im von Doktrin und Praxis anerkannten Sinn und 10
Ausmass zu verstehen. Danach löst auch die rein *gewerbliche* wie die *kaufmännische* Gebrauchs- bzw. Nutzungsmöglichkeit eine Zinspflicht aus (so die Übergabe
von Handwerksgeräten oder eines für den Einsatz bestimmten Rennpferdes).
Die Zinspflicht wird ebenfalls bei *Vereitelung* der Gebrauchs- bzw. Nutzungs- 11
möglichkeit ausgelöst, etwa wenn der Käufer die Annahme der Sache hinauszögert (Annahmeverzug).
Die Begründung der Zinspflicht durch Gebrauch und Nutzung steht aber 12
immer unter dem Vorbehalt, dass ein entsprechender Anspruch des Käufers aus
dem Vertrag abgeleitet werden kann. Bei Übergabe eines Grundstücks wird deshalb der Kaufpreis erst vom Moment der Perfektion an verzinslich; vorher bezogene Erträgnisse sind abzurechnen.

Art. 214

IV. Verzug des Käufers 1. Rücktrittsrecht des Verkäufers	¹ Ist die verkaufte Sache gegen Vorausbezahlung des Preises oder Zug um Zug zu übergeben und befindet sich der Käufer mit der Zahlung des Kaufpreises im Verzuge, so hat der Verkäufer das Recht, ohne weiteres vom Vertrage zurückzutreten. ² Er hat jedoch dem Käufer, wenn er von seinem Rücktrittsrecht Gebrauch machen will, sofort Anzeige zu machen. ³ Ist der Kaufgegenstand vor der Zahlung in den Besitz des Käufers übergegangen, so kann der Verkäufer nur dann wegen Verzuges des Käufers von dem Vertrage zurücktreten und die übergebene Sache zurückfordern, wenn er sich dieses Recht ausdrücklich vorbehalten hat.
IV. Demeure de l'acheteur 1. Droit de résiliation du vendeur	¹ Si la chose doit n'être livrée qu'après ou contre paiement du prix et que l'acheteur soit en demeure de payer, le vendeur peut se départir du contrat sans autre formalité. ² Il est néanmoins tenu, s'il veut faire usage de ce droit, d'aviser immédiatement l'acheteur. ³ Lorsque l'acheteur a été mis en possession de l'objet de la vente avant d'en avoir payé le prix, sa demeure n'autorise le vendeur à se départir du contrat et à répéter la chose que s'il s'en est expressément réservé le droit.
IV. Mora del compratore 1. Diritto di recesso del venditore	¹ Quando la cosa venduta sia da consegnarsi previo pagamento del prezzo o a pronti contanti, e il compratore sia in mora nel pagamento del prezzo di vendita, il venditore può senz'altro recedere dal contratto. ² Ove intenda far uso del suo diritto di recesso, egli deve però darne immediato avviso al compratore. ³ Se la cosa è passata in possesso del compratore prima del pagamento, il venditore può recedere dal contratto per la mora del compratore e pretendere la restituzione della cosa solo quando siasi espressamente riservato questo diritto.

		Note	Seite
Übersicht	Materialien	1	654
	Literatur	2	654
	Rechtsvergleichung	3	654
	A. *Systematische Einordnung*	4	654
	B. *Historischer Überblick*	7	655
	C. *Rechtsvergleichender Überblick*	9	656
	D. *Verhältnis von Art. 214 zum Anwendungsbereich der Art. 107 ff*	13	657
	I. Konkurrenzproblem	13	657

	Note	Seite
II. Privilegierung des Verkäufers durch Art. 214 I mit alternativer Konkurrenz zu Art. 107	14	657
III. Benachteiligung des Verkäufers durch Art. 214 III unter Ausschluss von Art. 107	15	657
E. *Wirkungen des Käuferverzugs*	16	658
I. Zinspflicht des Käufers	16	658
II. Schadenersatzpflicht wegen Verspätung der Erfüllung	17	658
III. Wahlrecht des Verkäufers	19	659
1. Voraussetzungen des Wahlrechts	19	659
a) Voraussetzungen des Wahlrechts beim Pränumerando- und Barkauf	19	659
aa) Anwendungsbereich von Art. 214 I	19	659
aaa) Diskrepanz zwischen Art. 214 Abs. 1 und 3	19	659
bbb) Kontroverse Doktrin	20	659
ccc) Analyse der Diskrepanz zwischen Art. 214 Abs. 1 und 3	21	659
ddd) Kritik	22	660
eee) Abgrenzungsprobleme	23	660
bb) Einzige Voraussetzung des Wahlrechts: Verzug des Käufers	29	661
aaa) Gegenstand des Verzugs	29	661
bbb) Anwendungsbereich	30	661
aaaa) Grundsätzliche Vorbemerkung	30	661
bbbb) Mahngeschäfte	31	662
cccc) Verfalltagsgeschäfte	32	662
ccc) Verschuldensunabhängigkeit des Verzugs	33	662
ddd) Schadensunabhängigkeit des Verzugs	34	663
eee) Ratenverzug	35	663
fff) Entbehrlichkeit einer Nachfristansetzung	36	663
b) Voraussetzungen des Wahlrechts beim Kreditkauf	37	663
aa) Anwendungsbereich von Art. 214 III	37	663
bb) Voraussetzungen des Wahlrechts	38	664
aaa) Verzug des Käufers	38	664
bbb) Ansetzung einer Nachfrist	40	664
2. Inhalt des Wahlrechts	42	664
a) Inhalt des Wahlrechts beim Pränumerando- und Barkauf	42	664
b) Inhalt des Wahlrechts beim Kreditkauf	43	665
aa) Rückforderung der Kaufsache	43	665
aaa) Grundsatz	43	665
bbb) Ausnahme	45	666
bb) Beharren auf nachträglicher Kaufpreiszahlung	49	667
3. Rechtsnatur des Wahlrechts	50	667
4. Wahlrecht im einzelnen	51	667
a) Nachträgliche Erfüllung nebst Schadenersatz wegen Verspätung	51	667

	Note	Seite
b) Verzicht auf die nachträgliche Zahlung des Kaufpreises	53	668
aa) Zeitpunkt und Form der Wahlerklärung	53	668
bb) Inhalt der Wahlerklärung	60	670
aaa) Grundsatz	60	670
bbb) Festhalten am Vertrag und Verzicht auf schuldnerische Leistung gegen Schadenersatz im Umfang des positiven Interesses	61	670
ccc) Rücktritt	62	670
ddd) Verschulden als Voraussetzung des Schadenersatzanspruchs	69	672
cc) Auslegung der Wahlerklärung	70	672
5. Person des Wahlberechtigten	71	673
6. Adressat der Wahlerklärung	74	674
F. *Dispositive Natur von Art. 214*	78	675

1 Materialien   aOR 263f; E *1905* und *1909* 1254f; PGB 1432.

2 Literatur   Vgl. die Übersicht in N 2 zu Art. 190.

3 Rechtsvergleichung   CCfr 1612 und 1654ff; CCit 1517; HGB 376; BGB 454 sowie im übrigen jeweils im Text, vor allem N 9 ff.

A. Systematische Einordnung

4   Art. 214 befasst sich mit dem *Verzug des Käufers*. Leistet er bei Barkauf oder Pränumerandokauf seine Zahlung nicht rechtzeitig, «so hat der Verkäufer das Recht, ohne weiteres vom Vertrage zurückzutreten» (Abs. 1), muss dem Käufer aber, falls er von diesem Recht Gebrauch machen will, «sofort Anzeige... machen» (Abs. 2). Beim Kreditkauf jedoch ist ein «Rücktritt» des Verkäufers wegen Verzugs des Käufers nur möglich, «wenn er sich dieses Recht ausdrücklich vorbehalten hat» (Abs. 3).

5   Demnach regelt Art. 214 ein Teilgebiet der nichtgehörigen Erfüllung. Zusammen mit Art. 215 und den Art. 190f bildet er eine kaufrechtliche *lex specialis* im Verhältnis zu den allgemeinen Bestimmungen des Obligationenrechts über den

Schuldnerverzug (Art. 102 ff), insbesondere zu den Regeln über den Verzug bei synallagmatischen Verträgen (Art. 107 ff). Dabei finden die Art. 214f auf den Verzug des Käufers und Art. 190f auf den Verzug des Verkäufers Anwendung.
Im Gegensatz zu Art. 190 betrifft die von Art. 214 aufgestellte Sonderordnung der Rechtsfolgen des Käuferverzugs mangels anderslautender gesetzlicher Regelung *sämtliche Kaufverträge* (ZR *22* 1923 Nr. 109; OSER/SCHÖNENBERGER, Art. 214 N 1) und nicht etwa nur jene des kaufmännischen Verkehrs (zum Begriff vgl. Art. 190 N 15 ff). Art. 215, der demgegenüber teilweise Spezialprobleme des kaufmännischen Verkehrs normiert, steht mit Art. 214 in keinem unmittelbaren Zusammenhang; eine Begrenzung des Geltungsbereichs von Art. 214 kann folglich aus Art. 215 nicht abgeleitet werden (gl. M. LEMP 75; ZR *22* 1923 196 Nr. 109; vgl. auch BGE *49* II 34 f: Hier wird zwar ein unmittelbarer Zusammenhang zwischen den Art. 214 und 215 bejaht, freilich ohne daraus praktische Folgerungen zu ziehen). 6

B. Historischer Überblick

Art. 214 Abs. 1 und 3 wurden anlässlich der Revision des Obligationenrechts von 1911 praktisch wörtlich aus dem alten Recht übernommen (aOR 263 f). Ein Unterschied besteht hinsichtlich Art. 214 *Abs. 2:* Gemäss dieser Vorschrift muss der Verkäufer den Käufer sofort orientieren, wenn er ohne Nachfristansetzung auf dessen Leistung verzichten will. Unterlässt er die sofortige Mitteilung, dann sind die in Art. 214 umschriebenen Rechtsbehelfe *verwirkt;* der Verkäufer kann aber gemäss Art. 107 vorgehen. Hingegen statuierte aOR 263 lediglich eine *Schadenersatzpflicht* des Verkäufers, der es versäumte, das Wahlrecht sofort auszuüben. 7

Art. 263 aOR entstand in Anlehnung an das zürcherische Recht (PGB 1432), das – anders als das Pandektenrecht, vgl. WINDSCHEID II § 323, 396 – beim Zahlungsverzug des Käufers im Bar- und Pränumerandokauf dem Verkäufer generell ein Rücktrittsrecht einräumte, ohne dieses an einen besonderen, vertraglich vereinbarten Rücktrittsvorbehalt zu knüpfen. Art. 264 aOR beruht offensichtlich auf Art. 1187 des waadtländischen Code Civile (zu den legislatorischen Motiven vgl. hinten N 21, im einzelnen MEILI 162 f). 8

C. Rechtsvergleichender Überblick

9   Im Gegensatz zum schweizerischen Recht erlaubt der französische Code Civile dem Verkäufer auch bei Bar- und Pränumerandokauf nicht, «ohne weiteres» vom Vertrag zurückzutreten. Der Verkäufer ist lediglich berechtigt, seine eigene Leistung zurückzubehalten (CCfr 1612, vgl. dazu Art. 82 OR) und vom Richter die Auflösung des Vertrags zu verlangen (CCfr 1654). Er besitzt also kein entsprechendes Gestaltungsrecht (hierüber hinten N 50), sondern muss den Rücktritt durch Gestaltungsklage geltend machen. Nach der französischen Praxis kann das Gericht, sofern keine gegenteilige Vereinbarung der Parteien besteht und der Verkäufer nicht Gefahr läuft, Kaufsache und Kaufpreis zu verlieren (siehe CCfr 1655 I), dem Käufer eine Nachfrist gewähren (eingehende Erörterung bei FERID I N 2 f 374 ff).

10 Zum *italienischen Recht* vgl. CCit 1517: Der Verkäufer, der den Kaufgegenstand fristgerecht angeboten hat, ist zum Rücktritt vom Vertrag berechtigt, wenn der Käufer nicht fristgerecht zahlt. Beim Kreditkauf ermöglicht sogar schon der Annahmeverzug des Käufers den Rücktritt (CCit 1517 II).

11 Das *deutsche Recht* billigt dem Verkäufer nur im kaufmännischen Verkehr bei Vereinbarung eines bestimmten Verfalltags das Recht zu, «ohne weiteres» vom Vertrag zurückzutreten (vgl. HGB 376). Im bürgerlichen Verkehr gilt die allgemeine Regelung von BGB 326 ff.

12 Für den Kreditkauf statuiert BGB 454 ähnlich wie Art. 214 III OR: «Hat der Verkäufer den Vertrag erfüllt und den Kaufpreis gestundet, so steht ihm das ... Rücktrittsrecht nicht zu.» Im Gegensatz zum schweizerischen Recht wird aber hier die Verwirkung des Rücktrittsrechts nicht an die vor der Zahlung erfolgende *tatsächliche* Übergabe der Kaufsache geknüpft, sondern an eine Stundung des Kaufpreises, d. h. eine *vertragliche* Einigung der Parteien (dazu auch hinten N 22).

D. Verhältnis von Art. 214 zum Anwendungsbereich der Art. 107 ff

I. Konkurrenzproblem

Die Regel «lex specialis derogat legi generali» ist auf das Verhältnis zwischen Art. 214 und den allgemeinen Bestimmungen der Art. 107 ff nicht unbesehen anwendbar. Vornehmlich *teleologische* und nicht logisch-systematische Erwägungen spielen die ausschlaggebende Rolle für die Beantwortung der Frage, ob Art. 214 bei Verzug des Käufers allein oder konkurrierend neben den Art. 107 ff Platz greife.

II. Privilegierung des Verkäufers durch Art. 214 I mit alternativer Konkurrenz zu Art. 107

Art. 214 bewirkt im Vergleich zu den Art. 107 ff teils eine Besserstellung des Verkäufers. *Absatz 1* dispensiert ihn von der in Art. 107 begründeten Obliegenheit, dem säumigen Schuldner vor Ausübung des Wahlrechts eine *Nachfrist* anzusetzen. Ständiger Lehre und Rechtsprechung zufolge darf der Verkäufer jedoch auf die in Art. 214 I enthaltenen Vorteile verzichten und gemäss Art. 107 ff vorgehen: Er kann dem Käufer eine Nachfrist ansetzen und nach deren unbenütztem Ablauf auf die nachträgliche Erfüllung des Vertrags verzichten oder vom Vertrag zurücktreten (LEMP 35; BGE *43* II 355, *44* II 410, *45* II 40, *46* II 435, *49* II 32 ff und *86* II 234). Der Verkäufer verliert damit auch nicht etwa das Recht zur Schadenberechnung i. S. v. Art. 215 (vgl. BGE *49* II 34 f und hinten Art. 215 N 6).

III. Benachteiligung des Verkäufers durch Art. 214 III unter Ausschluss von Art. 107

Demgegenüber benachteiligt Art. 214 *Abs. 3* den Verkäufer: Ein Rücktritt vom Vertrag bzw. ein Verzicht auf die Leistung des Käufers ist beim Kreditkauf nur möglich, wenn sich der Verkäufer «dieses Recht ausdrücklich vorbehalten hat». Offensichtlich duldet der Gesetzgeber keine konkurrierende Anwendung der Art. 107 ff neben Art. 214 III, weil sonst seine Intention, einen «Rücktritt» des Verkäufers beim Kreditkauf grundsätzlich auszuschliessen, durchkreuzt würde.

E. Wirkungen des Käuferverzugs

I. Zinspflicht des Käufers

16 Dazu eingehend Art. 213 N 7 ff.

II. Schadenersatzpflicht wegen Verspätung der Erfüllung

17 Der Verzug ist eine Vertragsverletzung, die den Schuldner bei Verschulden zur Leistung von Schadenersatz verpflichtet (Art. 103). In Betracht fällt hier beispielsweise der Ersatz des Schadens, der dem Verkäufer daraus entsteht, dass er wegen der verspäteten Erfüllung des Käufers seine Lieferanten nicht rechtzeitig bezahlen kann und ihnen gegenüber seinerseits schadenersatzpflichtig wird, oder der Ersatz von Währungsverlusten (vgl. BGE *76* II 371 ff und Art. 215 N 15). Doch muss der Verspätungsschaden nur so weit ersetzt werden, als er den unabhängig von einem Verschulden zu leistenden Verzugszins übersteigt (Vgl. zum Verspätungsschaden ebenfalls Art. 215 N 15).

18 Der Schadenersatz wegen Verspätung der Erfüllung ist grundsätzlich auch geschuldet, wenn der Verkäufer gestützt auf Art. 214 I bzw. 107 unter Berechnung des positiven Vertragsinteresses auf die Leistung des Käufers verzichtet. Die vom Bundesgericht in BGE *43* II 510 und *45* II 277 sowie 288 vertretene gegenteilige Ansicht vermag nicht zu überzeugen (richtig LEMP 149 f). Der säumige Käufer muss keineswegs nur den Schaden ersetzen, der dem Verkäufer am *Ende der Nachfrist* bzw. im *Moment der Ausübung des Wahlrechts* aus der Nichterfüllung des Vertrags entsteht, sondern auch den infolge der Verspätung eingetretenen Schaden. Der Gläubiger (Verkäufer) hat ein Anrecht darauf, so gestellt zu werden, wie wenn der Schuldner (Käufer) nicht in Verzug geraten wäre.

III. Wahlrecht des Verkäufers

1. Voraussetzungen des Wahlrechts

a) Voraussetzungen des Wahlrechts beim Pränumerando- und Barkauf

aa) Anwendungsbereich von Art. 214 I

aaa) Diskrepanz zwischen Art. 214 Abs. 1 und 3

Gemäss Art. 214 I hat der Verkäufer das Recht, «ohne weiteres vom Vertrage zurückzutreten», falls die verkaufte Sache gegen Vorauszahlung des Preises oder Zug um Zug (Barzahlung) zu übergeben ist. Nach dieser Formulierung kommt es nicht darauf an, wann der Kaufgegenstand tatsächlich übergeben wurde, sondern wann er übergeben werden *sollte,* also auf die *vertragliche Übereinkunft.* Das steht im Widerspruch zu Art. 214 III, der gemäss seinem Wortlaut von der *tatsächlichen Übergabe* des Kaufgegenstands vor der Zahlung handelt. Es stellt sich deshalb die Frage, was für ein Entscheid sich bei Überschneiden der Tatbestände von Absatz 1 und Absatz 3 aufdrängt, d. h. wenn die Sache laut Parteiübereinkunft Zug um Zug oder gegen Vorauszahlung des Kaufpreises übergeben werden muss, tatsächlich aber dem Käufer schon vor der Bezahlung zur Verfügung steht. [19]

bbb) Kontroverse Doktrin

Die Doktrin ist sich nicht einig, ob Art. 214 Abs. 1 oder Abs. 3 zurückzutreten hat, soweit sich die beiden Tatbestände überschneiden. Beispielsweise behaupten OSER/SCHÖNENBERGER, Art. 214 N 12, Absatz 3 müsse vor Absatz 1 weichen; es könne nicht der Wille des Gesetzgebers sein, dem Käufer «aus dem Grunde, weil er seiner Verpflichtung, sofort bei der Übergabe der Sache oder schon vorher den Preis zu bezahlen, nicht nachgekommen ist, einen Vorteil... zuzuwenden». Die gegenteilige Auffassung bekundet CAVIN, Schweizerisches Privatrecht VII 1 54ff: Art. 214 Abs. 3 «gilt nicht nur für den Kreditkauf, sondern ist auf alle Fälle anwendbar, in denen, selbst bei Vereinbarung von Barzahlung oder Vorauszahlung, der Verkäufer vor der Bezahlung des Preises liefert (faktischer Kredit)». [20]

ccc) Analyse der Diskrepanz zwischen Art. 214 Abs. 1 und 3

CAVINS Ansicht erweist sich als die zutreffende. Art. 214 III will vermeiden, dass der Käufer die allenfalls schon verbrauchte, weiterveräus- [21]

serte oder verarbeitete Kaufsache zurückerstatten muss, obwohl er mangels eines entsprechenden ausdrücklichen Vorbehalts des Verkäufers darauf nicht vorbereitet war (vgl. Bericht der nationalrätlichen Kommission, in: BBl *1881* I 174; ZR *4* 1905 Nr. 158; RGZ *118* 103 zu BGB 454; STAUDINGER/OSTLER, BGB 454 N 1). Entscheidend für die Anwendung von Art. 214 III ist also nicht, ob die Parteien *vertraglich* einen Kreditkauf vereinbart haben, sondern ob der Verkäufer dem Käufer *tatsächlich* Kredit gewährt, d. h. den Kaufgegenstand vor der Zahlung übergeben hat. Soweit sich die Tatbestände überschneiden, geht deshalb Absatz 3 von Art. 214 dem Absatz 1 vor (richtig LEMP 75).

ddd) Kritik

22 BECKER, Art. 214 N 2, vertritt eine teilweise andere Auffassung: Unter Hinweis auf einen Entscheid des Reichsgerichts in DJZ *1913* 1498 erklärt er, es sei immer noch eine «Zug-um-Zug-Lieferung» i. S. v. Art. 214 I, wenn der Verkäufer dem Käufer eine «mässige Zeit» einräume, um das Geld herbeizuschaffen. Dies mag für das deutsche Recht zutreffen: BGB 454 spricht von *Stundung* des Kaufpreises. Nach unserem Art. 214 III aber kommt es nicht auf die Stundung, sondern auf die *tatsächliche Übergabe* der Kaufsache vor der Zahlung an. Kein Barkauf, vielmehr ein nach Art. 214 III zu beurteilendes Kreditgeschäft liegt daher beispielsweise vor, falls der Kaufpreis «innert zehn Tagen nach Montage» entrichtet werden muss (vgl. BGE *90* II 292).

eee) Abgrenzungsprobleme

23 Was geschieht bei *Teilzahlung* durch den Käufer vor oder bei Übergabe der Sache? Sie setzt *Absatz 3* von Art. 214 keineswegs ausser Kraft. Vielmehr gelangt dieser immer zur Anwendung, wenn der Kaufpreis im Zeitpunkt der Besitzverschaffung noch *nicht vollständig* beglichen ist.

24 Gleich dem Barkauf nach Art. 214 I wird der Kauf gegen Wechselakzept behandelt (BGE *32* II 458; ZR *6* 1907 Nr. 46).

25 Nur ein Verzug im Hinblick auf die Erbringung der *Hauptleistung* berechtigt den Verkäufer zum Rücktritt gemäss Art. 214 I. Als solche gilt der Kaufpreis. Seine Vorauszahlung darf nun aber nicht mit dem Anspruch des Verkäufers auf blosse *Deponierung* verwechselt werden; soll diese doch nur das Abliefern der Sache Zug um Zug im Austausch mit der Zahlung durch die Bank gewährleisten. Gerät der Käufer hiermit in Verzug, kann der Verkäufer nicht «ohne weiteres vom Vertrage zurücktreten» (Art. 214 I), sondern muss zunächst eine Nachfrist i. S. v. Art. 107 ansetzen (BGE *45* II 350).

26 Art. 214 ist primär auf den Mobiliarkauf zugeschnitten. Nach Semjud *86* 1964

69 ff kommt eine analoge Anwendung auf die Veräusserung von Patentrechten nicht in Frage. Stattdessen bieten sich dem Verkäufer die in Art. 107 umschriebenen Rechtsbehelfe an.

Art. 221 sieht die sinngemässe Anwendung von Art. 214 auf den *Grundstückkauf* 27 vor (BGE *96* II 50, *86* II 233 ff), wobei der *Zeitpunkt der Eintragung ins Grundbuch* entscheidende Bedeutung aufweist: Solange sie noch aussteht, ist es dem Verkäufer unbenommen, wegen Verzugs des Käufers vorbehaltlos vom Vertrag zurückzutreten, auch wenn er ihm bereits den Besitz des Grundstücks eingeräumt hat (BGE *86* II 233 f, vgl. dazu LEMP 76; anders für das deutsche Recht RGZ *118* 100 ff und STAUDINGER/OSTLER, BGB 454 N 7).

Haben die Parteien einen *Kauf auf Abruf* vereinbart und unterlässt der Käufer 28 den Abruf, so ist der Verkäufer zur Fristansetzung gemäss Art. 107 gehalten (vgl. SJZ *37* 1940/41 249). Anders wäre die Rechtslage nur, falls die Parteien den Abruf genau terminiert haben.

bb) Einzige Voraussetzung des Wahlrechts: Verzug des Käufers

aaa) Gegenstand des Verzugs

Einzige Voraussetzung für die Ausübung des dem Verkäufer 29 zustehenden Wahlrechts bildet der *Verzug* des Käufers. Nach dem klaren Wortlaut von Art. 214 I löst allein der Verzug «mit der Zahlung des *Kaufpreises*» (Hervorhebung durch Verf.) die Rechtsfolgen von Art. 214 aus. Bei Verzug des Käufers in der Erfüllung *anderer Vertragspflichten* (soweit sie überhaupt als Hauptpflichten zu qualifizieren sind, vgl. dazu auch Art. 211 N 25), trifft den Verkäufer die Obliegenheit der Nachfristansetzung auf Grund von Art. 107.

bbb) Anwendungsbereich

aaaa) Grundsätzliche Vorbemerkung

Nach Ansicht BECKERS, Art. 214 N 1, und VON BÜRENS, I 373 30 N 45, werden «Pränumerandokauf und Barkauf ... als *Fixgeschäft* betrachtet». Dies ist zumindest missverständlich: Gemäss klarem Gesetzeswortlaut treten die Rechtswirkungen von Art. 214 I generell bei Verzug des Käufers mit der Kaufpreiszahlung ein, also nicht (in Analogie zu Art. 190) bloss dann, wenn die Parteien einen bestimmten Verfalltag vereinbaren. Folglich schliessen auch Mahngeschäfte die Anwendung von Art. 214 I keineswegs aus.

bbbb) Mahngeschäfte

31   Der Verzug setzt *Fälligkeit* der Schuld und – falls hierzu erforderlich; vgl. hinten N 32 – *Mahnung* voraus (dazu BECKER, Art. 102 N 3 ff). Unter Mahnung versteht man die an den Schuldner gerichtete Aufforderung, seinen Vertragspflichten nachzukommen. Bei wörtlicher Anwendung von Art. 214 I könnte der Verkäufer sein Wahlrecht unmittelbar nach der Mahnung ausüben; sind doch dann die in Art. 102 umschriebenen Voraussetzungen des Schuldnerverzugs gegeben. Das kann freilich *nicht* der Sinn von Art. 214 I sein. Die Mahnung stellt nicht nur ein formales Requisit des Schuldnerverzugs dar, sondern hat den Zweck, den Schuldner an seine Vertragspflichten zu erinnern, d. h. ihm die Erfüllung noch zu ermöglichen, sofern er dann auch gleich zur Leistung bereit ist. Dieses Ziel wäre verpasst, könnte der Verkäufer unmittelbar nach der Mahnung «ohne weiteres vom Vertrag zurücktreten». Eine teleologische Auslegung von Art. 214 unter Berücksichtigung der Funktion der Mahnung ergibt also, dass der Verkäufer sein Wahlrecht nicht ausüben darf, wenn der Käufer unmittelbar nach der Mahnung zahlt. Das sollte allerdings nicht mit dem in Art. 107 umschriebenen Erfordernis der Nachfristansetzung verwechselt werden. Bei Anwendung von Art. 214 I auf das Mahngeschäft braucht der Verkäufer dem Käufer keine «angemessene Frist zur nachträglichen Erfüllung» (Art. 107 I) einzuräumen, sondern ist lediglich gehalten, eine *unverzügliche* Zahlung des Käufers zu akzeptieren.

cccc) Verfalltagsgeschäfte

32   Wurde für die Kaufpreiszahlung ein bestimmter *Verfalltag* (dazu BECKER, Art. 102 N 28 ff) vereinbart, so bedarf es keiner Mahnung, um den Eintritt des Schuldnerverzugs zu bewirken. Der Käufer kommt in Verzug, wenn er mit Ablauf des Verfalltags nicht zahlt. Gleichzeitig löst er die Rechtsfolgen von Art. 214 I aus.

ccc) Verschuldensunabhängigkeit des Verzugs

33   Anders als im deutschen Recht hängt der Eintritt des Schuldnerverzugs nicht vom Verschulden ab. Das gilt auch für die durch Art. 214 festgelegten Rechtsfolgen bei Verzug des Käufers. Erbringt er den Exkulpationsbeweis, dann tangiert dies das Gläubigerwahlrecht des Verkäufers nicht, sondern bewirkt lediglich, dass letzterer keinen Schadenersatz verlangen kann.

ddd) Schadensunabhängigkeit des Verzugs

Für die Ausübung des Wahlrechts ist es ferner unerheblich, 34
ob dem Gläubiger (Verkäufer) aus dem Verzug des Schuldners (Käufer) ein
Schaden entsteht.

eee) Ratenverzug

Soll der Kaufpreis vor Übergabe des Kaufgegenstands *in* 35
Raten entrichtet werden und kommt der Käufer mit einzelnen Raten in Verzug,
berechtigt das den Verkäufer – auch soweit gemäss Art. 227 i die Art. 227 a bis h
über den Vorauszahlungsvertrag keine Anwendung finden – grundsätzlich
nicht zur Geltendmachung von Schadenersatz wegen Nichterfüllung oder zum
Rücktritt vom Vertrag in seiner Gesamtheit. Er dürfte dies einzig dann, falls
«der Verzug in der Erfüllung der verfallenen Raten den Schluss auf eine Gefährdung des Vertragszwecks zulässt, d. h. wenn sich aus dem Verhalten des Schuldners ergibt, dass er voraussichtlich auch mit künftigen Raten in Verzug kommen
würde» (LEMP 63, vgl. auch BGE *45* II 61 und *52* II 142). Eine solche Situation
lässt Art. 214 I ebenfalls uneingeschränkt zur Anwendung gelangen. Unbegründet ist die Ansicht VON BÜRENS in I 38, eine Ausübung des Gläubigerwahlrechts
hinsichtlich des ganzen Vertrags sei nur dort möglich, wo der Verkäufer das angedroht habe (unzutreffend ferner BECKER, Art. 107 N 50).

fff) Entbehrlichkeit einer Nachfristansetzung

Befindet sich der Käufer im Zahlungsverzug, kann der Ver- 36
käufer «ohne weiteres» sein Wahlrecht ausüben. Weitere Voraussetzungen
müssen nicht erfüllt werden. Insbesondere ist die Ansetzung einer Nachfrist, wie
sie Art. 107 statuiert, *nicht erforderlich* (so ausdrücklich BGE *96* II 50).

b) Voraussetzungen des Wahlrechts beim Kreditkauf

aa) Anwendungsbereich von Art. 214 III

Abweichend von Art. 214 *Abs. 1* regelt das Gesetz den Verzug 37
desjenigen Käufers, der schon *vor* der Zahlung Besitzer des Kaufobjekts wurde.
Zum Anwendungsbereich von Art. 214 *Abs. 3* vgl. vorn N 19 ff.

bb) Voraussetzungen des Wahlrechts

aaa) Verzug des Käufers

38   Vgl. dazu Art. 102 und vorn N 29 ff.

39 Haben die Parteien beim Kreditkauf eine ratenweise Erbringung des Kaufpreises vorgesehen und kommt der Käufer mit einzelnen Raten in Verzug, ist der Verkäufer – auch soweit die abzahlungsrechtlichen Normen von Art. 226a ff keine Anwendung finden – grundsätzlich nicht berechtigt, vom Käufer Schadenersatz wegen Nichterfüllung des ganzen Vertrags zu fordern oder ganzheitlich zurückzutreten. Er dürfte dies nur bei Situationen tun, wo der Verzug des Käufers mit der Bezahlung der geschuldeten Raten den Schluss auf eine Gefährdung des Vertragszwecks zulässt (dazu LEMP 63; BGE *45* II 61 und *52* II 142; analog vorn N 35).

bbb) Ansetzung einer Nachfrist

40   Nach dem klaren Wortlaut des Gesetzes gilt die in Absatz 1 statuierte Befugnis des Verkäufers, bei Zahlungsverzug des Käufers «ohne weiteres vom Vertrage zurückzutreten», lediglich für den Pränumerando- und Barkauf. Ist der Kaufgegenstand *vor* der Zahlung in den Besitz des Käufers übergegangen, dann setzt die Ausübung des Wahlrechts die *Ansetzung einer Nachfrist* gemäss Art. 107 voraus (BGE *90* II 292f; ZR *54* 1955 Nr. 178; SJZ *49* 1953 241 Nr. 98; LEMP 30; CAVIN 56; a. M., aber ohne Begründung, ZR *28* 1929 Nr. 7).

41 Zur Nachfrist vgl. im einzelnen BECKER, Art. 107 N 17 ff, und VON BÜREN I 374f (mit reichen Judikaturangaben).

2. Inhalt des Wahlrechts

a) Inhalt des Wahlrechts beim Pränumerando- und Barkauf

42   Nach dem Wortlaut gewährt Art. 214 I dem Verkäufer das Recht, bei Verzug des Käufers mit der Kaufpreiszahlung «ohne weiteres vom Vertrage zurückzutreten». Die Randnote zu Art. 214 erwähnt ebenfalls nur das «Rücktrittsrecht» des Verkäufers. Doch handelt es sich *nicht* um ein qualifiziertes Schweigen des Gesetzgebers. Dem Verkäufer steht gemäss Art. 214 I vielmehr ein Wahlrecht zu. Um dessen Inhalt zu bestimmen, muss der Zusammenhang mit Art. 107 beachtet werden: Der Verkäufer hat bei Verzug des Käufers nicht bloss das Recht zum Rücktritt vom Vertrag, sondern auch zum Verzicht auf die Leistung des Käufers unter Aufrechterhaltung des Vertrags und Berech-

nung des positiven Vertragsinteresses (nach der Austausch- oder der Differenztheorie, vgl. Art. 215 N 20 ff). Art. 214 I verwendet offenkundig eine für das heutige Recht unzulängliche Terminologie, die wörtlich aOR 263 entstammt. Im alten Recht wurde nämlich noch nicht zwischen dem Rücktritt des Gläubigers unter Berechnung des negativen Vertragsinteresses und seinem Verzicht auf die Leistung des Schuldners unter Aufrechterhaltung des Vertrags sowie Berechnung des positiven Vertragsinteresses unterschieden. Es statuierte für den Fall des Schuldnerverzugs nur ein Recht des Gläubigers, entweder auf Erfüllung zu beharren oder den Vertrag gegen Leistung vollen Schadenersatzes – was nach Wahl des Gläubigers positives oder negatives Interesse bedeuten konnte – aufzulösen (aOR 122 und 124). Als bei der Revision des Obligationenrechts von 1911 die im deutschen Recht entwickelte Unterscheidung zwischen Verzicht auf Leistung des Schuldners und Rücktritt vom Vertrag übernommen wurde, vergass man zweifellos, den Text von Art. 214 I der neuen Rechtslage anzupassen (vgl. CAVIN 53; im Ergebnis BGE *49* II 35 und *54* II 313).

b) Inhalt des Wahlrechts beim Kreditkauf

aa) Rückforderung der Kaufsache

aaa) Grundsatz

Der Verkäufer darf seinen Verzicht auf die Leistung des Käufers nicht mit einer nach der Differenztheorie (dazu Art. 215 N 20) berechneten Schadenersatzforderung verbinden. Die Anwendung der Differenztheorie hätte nämlich zur Folge, dass er die bereits gelieferte Sache trotz Aufrechterhaltung des Vertrags zurückfordern könnte. Das wäre widersinnig! Die Differenztheorie taugt in Wirklichkeit nur so lange, als sich das Vertragsobjekt noch nicht im Besitz des Käufers befindet. Wenn es schon geliefert wurde, setzt die Rückforderung voraus, dass der Verkäufer den *Rücktritt* vom Vertrag erklärt (vgl. LEMP 52; ZR *19* 242 Nr. 122; Art. 215 N 33). 43

Beim Kreditkauf ist jedoch grundsätzlich auch der zur Rückforderung berechtigende Rücktritt vom Vertrag verwehrt: Gemäss Art. 214 III kann der Verkäufer nur dann wegen Verzugs des Käufers vom Vertrag zurücktreten, «wenn er sich dieses Recht ausdrücklich vorbehalten hat». Das gesetzgeberische Motiv für eine solche Einschränkung des Gläubigerwahlrechts liegt im Bestreben, den Käufer davor zu bewahren, eine allenfalls schon verbrauchte, weiterveräusserte oder verarbeitete Kaufsache zurückerstatten zu müssen (vgl. Bericht der nationalrätlichen Kommission, in: Bbl *1881* I 174; ZR *4* 1905 Nr. 158; RGZ *118* 103 zu BGB 454). 44

bbb) Ausnahme

45 Ein Rücktritt vom Vertrag und damit eine Rückforderung der Kaufsache ist zulässig, wenn sich der Verkäufer das Recht hierzu *ausdrücklich vorbehalten,* d. h. die Gültigkeit des Vertrags ausdrücklich an die Resolutivbedingung des Rücktritts geknüpft hat (Art. 214 III). Ein stillschweigender Vorbehalt genügt nach dem klaren Wortlaut des Gesetzes nicht (ZR *30* 1931 Nr. 72). Der Rücktrittsvorbehalt bildet in der Regel einen subjektiv wesentlichen Vertragsbestandteil und bedarf deshalb gegebenenfalls der gesetzlich vorgeschriebenen oder vertraglich vereinbarten Form (zur Formvorschrift beim Grundstückkauf vgl. MEIER-HAYOZ, ZGB 657 N 87 ff und die Kommentierung von Art. 216).

46 Gemäss ständiger bundesgerichtlicher Praxis umfasst der *Eigentumsvorbehalt* jeweils auch den in Art. 214 III erwähnten Rücktrittsvorbehalt, d. h. selbst wenn das vertraglich nicht besonders hervorgehoben worden ist (BGE *90* II 292, *88* II 85, *73* III 168, *60* II 413, *51* II 139). Dies gilt sogar dann, wenn der Eigentumsvorbehalt bloss vereinbart, aber nicht eingetragen wurde und das Eigentum an der Sache daher auf den Käufer überging. Trifft letzteres zu, hat der Verkäufer zwar keinen dinglichen Herausgabeanspruch, wohl aber ein obligatorisch wirkendes Recht auf Rückgabe der Kaufsache (BGE *90* II 292; a. M. noch BJM *1955* 69 f und Rep *79* 1946 86).

47 Unwirksam wird nach ausdrücklicher gesetzgeberischer Anordnung ein Rücktrittsvorbehalt des Verkäufers bei *Konkurs* des Käufers: «Ein Verkäufer, welcher dem Gemeinschuldner die verkaufte Sache vor der Konkurseröffnung übertragen hat, kann nicht mehr von dem Vertrage zurücktreten und die übergebene Sache zurückfordern, auch wenn er sich dies ausdrücklich vorbehalten hat» (SchKG 212, dazu BGE *56* II 210 und *58* II 354). Das ist eine für den Richter verbindliche Vorschrift, obwohl sie offenbar auf der unrichtigen (zur Begründung vgl. hinten N 66 ff) Meinung beruht, der Rückforderungsanspruch des Verkäufers sei obligatorischer Natur. Der Verkäufer kann sich gegen die Rechtsfolgen von SchKG 212 nur schützen, falls er sich mit dem Käufer bezüglich eines Eigentumsvorbehalts einigt und nicht versäumt, ihn rechtsgültig ins Register eintragen zu lassen (vgl. FRITZSCHE II 136 und dort zit. Judikatur).

48 Art. 214 III ist dispositiver Natur und schliesst deshalb nicht aus, dass die Parteien noch nachträglich den Rücktritt vom Kaufvertrag vorsehen (ZBGR *37* 1956 362 ff).

bb. Beharren auf nachträglicher Kaufpreiszahlung

Gerät der Kreditkäufer in Verzug, so steht es dem Verkäufer 49
selbstverständlich frei, auf nachträglicher Kaufpreiszahlung nebst Leistung von Verzugszins und bei Verschulden auf Ersatz des Verspätungsschadens zu beharren.

3. Rechtsnatur des Wahlrechts

Das von Art. 214 I bzw. Art. 107 geregelte Gläubigerwahl- 50
recht stellt ein *Gestaltungsrecht* dar. Im Gegensatz etwa zu Wandelung und Minderung (hierzu Art. 205 N 15 ff) ist für die Auslösung der Rechtsfolgen des Schuldnerverzugs gemäss Art. 214 I bzw. Art. 107 weder ein Urteil des Richters noch das Einverständnis des Schuldners notwendig; eine *einseitige Erklärung des Gläubigers* (Verkäufer) genügt. Die Rechtsfolgen der Wahlerklärung des Gläubigers lassen sich nicht durch nachträgliche Erfüllung abwenden (ZR *36* 1937 204 Nr. 103; Semjud *54* 1932 165 ff; unrichtig BGE *29* II 715). Aus der gestaltenden Wirkung der Wahlerklärung geht aber auch hervor, dass der Verkäufer keine Möglichkeit hat, nachträglich auf seinen Entscheid zurückzukommen und eine andere Wahl zu treffen. Einmal vom Vertrag zurückgetreten, kann er nur im Einverständnis mit dem Käufer (d.h. auf der Basis einer neuen vertraglichen Einigung) von ihm noch Erfüllung verlangen. Dieses Einverständnis mag auch stillschweigend erteilt werden, z.B. durch nachträgliche Forderung und vorbehaltlose Zahlung des Kaufpreises oder durch konkludentes Verhalten beider Parteien im Prozess.

4. Wahlrecht im Einzelnen

a) Nachträgliche Erfüllung nebst Schadenersatz wegen Verspätung

Teilt der Verkäufer dem Käufer nicht «sofort» (siehe hinten 51
N 54) mit, dass er unter Berechnung des positiven Interesses auf dessen Leistung verzichtet oder vom Vertrag zurücktritt (negatives Interesse), dann hat er nach der unwiderlegbaren Vermutung des Gesetzes sein Wahlrecht im Sinne des *Beharrens auf der nachträglichen Zahlung* des Kaufpreises (nebst Leistung von Schadenersatz wegen Verspätung) ausgeübt. Anders als bei Verzug des Verkäufers im kaufmännischen Verkehr (Art. 190) geht das Gesetz also davon aus, dass der Verzug des *Käufers* mit der Zahlung des Kaufpreises die nachträgliche Er-

füllung für den Gläubiger (Verkäufer) keineswegs sinnlos macht, und er demzufolge zumeist die Zahlung fordern wird.

52 Zum Schadenersatz wegen Verspätung vgl. vorn N 17 f und Art. 215 N 15.

b) Verzicht auf nachträgliche Zahlung des Kaufpreises

aa) Zeitpunkt und Form der Wahlerklärung

53 Gemäss Art. 214 *Abs.2* hat der Verkäufer «dem Käufer, wenn er von seinem Rücktrittsrecht Gebrauch machen will, sofort Anzeige zu machen». Der Gesetzestext ist etwas missverständlich. Es geht hier nicht um die Verankerung einer blossen Informations- als Nebenpflicht. Der Verkäufer muss dem Käufer nicht nur anzeigen, dass er sein Rücktrittsrecht ausüben *möchte,* ihm jedoch vorher noch Gelegenheit zur Erfüllung gebe. Art. 214 II begründet vielmehr ein Gestaltungsrecht: Durch die Anzeige an den Schuldner übt der Gläubiger (Verkäufer) das Wahlrecht *tatsächlich* aus.

54 «Sofort» bedeutet, wie das Bundesgericht sich ausdrückt: sobald es dem Verkäufer «nach dem gewöhnlichen Geschäftsgang und den besonderen Umständen des Falles zugemutet werden konnte» (BGE 96 II 50). Die höchste Instanz verweist hier zwecks näherer Konkretisierung des Begriffs «sofort» auf die zum Ausdruck «unverzüglich» des Art. 107 ergangene Rechtsprechung (z. B. BGE 69 II 245 Erw. 5). Danach ist entgegen der in der deutschen Literatur und Praxis gelegentlich bekundeten Ansicht (sofort: ohne Zögern; unverzüglich: ohne schuldhaftes Zögern) «sofort» zumindest im Rahmen von Art. 214 mit «unverzüglich» identisch. Der Verkäufer muss deshalb das Wahlrecht «unverzüglich» nach Eintritt des Käuferverzugs ausüben.

55 LEMP 126 glaubt, dass es genügt, «wenn sich aus der Wahlerklärung ergibt, ob der Gläubiger die Gegenleistung erbringen oder behalten will». Ziehe er das letztere vor, dann brauche er nicht sofort mitzuteilen, ob er Ersatz des positiven oder negativen Vertragsinteresses fordere. Angesichts der Funktion der «Rücktrittserklärung» im Geltungsbereich von Art. 214, d. h. soweit es um die Ausübung des Wahlrechts durch den Verkäufer wegen Verzugs des Käufers geht, muss das richtig sein (a. M. VON THUR/SIEGWART/ESCHER 154 N 83). Weil ja die Leistung des Käufers in Geld besteht und auch ein allfälliger Schadenersatz in Geld zu erbringen wäre, dient die Erklärung des Gläubigers (Verkäufer) hier einzig dem Zweck, den Schuldner (Käufer) zu informieren, ob er die Leistung des Verkäufers (Lieferung der Kaufsache) erhalten werde oder nicht. Vernimmt er gleich nach Eintritt des Verzugs, dass der Verkäufer seine Leistung nicht zu erfüllen gedenkt, so kann er disponieren und sich allenfalls anderswo eindecken.

Für seine Entscheidungen nicht unmittelbar erheblich ist es jedoch, ob der Verkäufer im Sinne der Differenztheorie auf dem Vertrag beharren (positives Vertragsinteresse) oder unter Berechnung des negativen Interesses vom Vertrag zurücktreten will (vgl. auch BECKER, Art. 107 N 36 a. E.).

Ob die Erklärung des Verkäufers «sofort» bzw. unverzüglich erfolgte, ist unter Berücksichtigung der konkreten Umstände sowie der auf dem Spiel stehenden Interessen zu beurteilen (BECKER, Art. 107 N 36; SJZ *17* 1920/21 330 Nr. 251; ZR *19* 1920 238 Nr. 121 und Nr. 149 sowie *21* 1922 290 Nr. 170). Als «unverzüglich» gilt eine Erklärung in der Regel, wenn sie am gleichen oder allenfalls am nächsten Tag erfolgt. Der Verkäufer darf aber unbedenklich eine etwas längere Überlegungsfrist beanspruchen, sofern das den Belangen des Käufers nicht zuwiderläuft. Umgekehrt drängt sich dort eine strengere Beurteilung auf, wo die Situation des Käufers einen sofortigen Entscheid des Verkäufers verlangt. So qualifizierte das Bundesgericht eine erst nach zwei Wochen abgegebene Wahlerklärung als verspätet, weil es um ein Geschäft ging, das starken Preisschwankungen unterlag (BGE *44* II 174f). Ausnahmsweise (z. B. im Börsenverkehr) ist mit Rücksicht auf besondere Umstände sogar ein telegraphisches Übermitteln der Erklärung am gleichen Tag geboten. 56

Gegen Treu und Glauben verstösst der Käufer, der Verspätung der Wahlerklärung geltend macht, obwohl ihm nachweisbar Wille oder Möglichkeit zur nachträglichen Erfüllung fehlt (gl. M. VON BÜREN I 375). Der Verkäufer könnte ja in einem solchen Fall ohnehin gestützt auf Art. 108 Ziff. 1 jederzeit den Verzicht auf die schuldnerische Leistung unter Berechnung des positiven Vertragsinteresses oder den Rücktritt vom Vertrag erklären (LEMP 127; BGE *76* II 304, *48* II 224; ZR *18* 1919 104 Nr. 53). 57

Übt der Verkäufer das in Art. 214 umschriebene Gläubigerwahlrecht *nicht* rechtzeitig aus, so kann er dem Käufer immer noch gestützt auf Art. 107 eine Nachfrist (oder auch mehrere Nachfristen) ansetzen und bei unbenütztem Fristablauf unverzüglich den Rücktritt vom Vertrag oder den Verzicht auf die Leistung des Schuldners unter Berechnung des positiven Interesses erklären (BGE *86* II 234f; vgl. dazu vorn N 13 f). 58

Die Ausübung des Wahlrechts unterliegt keiner besonderen Form. Dies gilt ebenfalls für diejenigen Verträge, deren Entstehung nach Gesetz oder Parteiübereinkunft an eine bestimmte Form geknüpft ist (z. B. Grundstückkauf). Vergleiche dazu analog Art. 115. Beispielsweise kann die Wahlerklärung in der Form der Arrestnahme (BGE *50* II 19) oder der Betreibung (BGE *44* II 410) erfolgen. 59

bb) Inhalt der Wahlerklärung

aaa) Grundsatz

60 «Sofort» braucht sich der Verkäufer nur darüber zu äussern, ob er seine eigene Leistung wegen des Verzugs des Käufers zurückbehalten werde (vgl. vorn N 55). Nicht «sofort», doch immerhin ohne Treu und Glauben verletzende Verzögerung muss sich der Verkäufer des weiteren entscheiden, ob er:
- *falls er seine Leistung nach wie vor erbringen will:*
  - auf der Zahlung des Kaufpreises beharren, oder
  - vom Käufer Schadenersatz im Umfang des positiven Vertragsinteresses verlangen soll (Austauschtheorie, dazu Art. 215 N 20);
- *falls er seine Leistung nicht mehr erbringen will:*
  - vom Käufer unter Aufrechterhaltung des Vertrags und Anrechnung des Wertes der eigenen Leistung Schadenersatz im Umfang des positiven Vertragsinteresses verlangen (Differenztheorie, dazu Art. 215 N 20), oder
  - vom Vertrag zurücktreten und Schadenersatz im Umfang des negativen Vertragsinteresses fordern soll.

bbb) Festhalten am Vertrag und Verzicht auf schuldnerische Leistung gegen Schadenersatz im Umfang des positiven Interesses

61 Der Verkäufer mag unter Verzicht auf die Leistung des Schuldners am Vertrag festhalten und bei seiner Schadenberechnung nach der Austausch- oder Differenztheorie das positive Vertragsinteresse (Erfüllungsinteresse) wählen. In einem solchen Fall darf er Ersatz für die Differenz zwischen dem durch Nichterbringung des Kaufpreises eingetretenen und bei vertragskonformem Verhalten des Käufers erzielbaren Vermögensstand fordern (vgl. BECKER, Art. 99 N 19 ff und 31 ff; ferner Art. 107 N 40 ff). Der Schadenersatzanspruch umfasst mithin vorab auch den *entgangenen Gewinn*. Zur genauen Schadenberechnung sowie zur Unterscheidung von Austausch- und Differenztheorie vgl. Art. 215 N 20.

ccc) Rücktritt

62 Erklärt der Verkäufer den Rücktritt vom Vertrag, dann fällt dieser *ex tunc* dahin (VON BÜREN I 380). Der Verkäufer kann das negative Vertragsinteresse berechnen. Er besitzt folglich Anspruch auf Wiedergutmachung des sogenannten Vertrauensschadens, d. h. Ersatz der Differenz zwischen dem durch den betreffenden Vertragsabschluss eingetretenen und demjenigen Ver-

mögensstand, der vorhanden wäre, wenn er den Vertrag nicht abgeschlossen hätte (BECKER, Art. 109 N 9; BGE *44* II 500 ff und *90* II 294).
Das *negative* Vertragsinteresse umfasst etwa folgende Schadenposten: 63
– Kosten des Vertragsabschlusses, z. B. Ausgaben im Hinblick auf den Vertrag, wie Reisespesen;
– eingegangene Verbindlichkeiten, z. B. hat der Verkäufer zwecks Beschaffung der Ware mit seinem Lieferanten einen Kaufvertrag abgeschlossen;
– Nachteil, der daraus entsteht, dass der Verkäufer infolge seiner vertraglichen Beziehung zum Käufer eine andere Gelegenheit zum Abschluss eines ähnlichen Vertrags verpasste;
– beim Kreditkauf Abnützung des dem Käufer bereits gelieferten Kaufobjekts und entgangener Gewinn, weil der Verkäufer es auch hätte vermieten können (BGE *90* II 294).

Besondere Schadenersatzfolgen ergeben sich beim Abzahlungsvertrag. 64
Der Rücktritt vom Vertrag lohnt sich beispielsweise dann, wenn der Verkäufer 65 erkennt, dass seine Leistung den geforderten Kaufpreis an Wert übersteigt. Dazu ausführlicher Art. 215 N 36 ff.

Der den Rücktritt erklärende Verkäufer braucht die Sache beim Pränume- 66 rando- und Barkauf nicht mehr zu liefern. Im Falle eines Kreditkaufs muss der Käufer sie zurückgeben (Art. 109 I). Nach herrschender schweizerischer Doktrin ist der Rückgabeanspruch des Verkäufers lediglich *obligatorischer Natur* (VON BÜREN I 380 N 81; VON TUHR/SIEGWART/ESCHER 156; a. M. SIMONIUS, in: Festschrift Guhl 48 ff). Es überrascht keineswegs, die gleiche Überzeugung in der *deutschen Doktrin* vorzufinden. Dort gilt die Tradition als *abstrakt;* eine Ungültigkeit des Verpflichtungsgeschäfts (also des Kaufvertrags) berührt die Gültigkeit der Verfügung nicht.

Völlig anders verhält es sich im schweizerischen Recht. Seit BGE *55* II 302 ist die 67 Tradition bei Mobilien *kausal* (für Immobilien folgt das schon aus dem Gesetz: ZGB 974 II). Vergleiche dazu eingehend MEIER-HAYOZ, Das Eigentum, Systematischer Teil N 42 ff. Eine Ungültigkeit des Grundgeschäfts trifft mithin auch die Verfügung. Bejaht nun die herrschende schweizerische Lehre zu Recht eine durch den Rücktritt ex tunc bewirkte Auflösung des Kaufvertrags (vgl. etwa VON BÜREN I 380, VON THUR/SIEGWART/ESCHER 155), müsste sie folgerichtig ebenfalls eine ex tunc wirkende Auflösung des *dinglichen Akts,* des Verfügungsgeschäfts, bejahen. SIMONIUS (Festschrift Guhl 49) hat das richtig erkannt: «Ist aber das Kausalverhältnis auf den Zeitpunkt seiner Begründung aufgehoben, fallen grundsätzlich alle Wirkungen dahin, somit auch eine Eigentumsübertragung. Wer vor der Tradition Eigentum hatte, erhält es wieder ohne Besitzänderung» (vgl. ferner SIMONIUS 53). Also muss ebenfalls der *Rückgabeanspruch* des Verkäufers gemäss Art. 109 in Verbindung mit Art. 214 III dinglicher Natur sein, weshalb der Verkäufer nach dem Rücktritt vom Vertrag den Kaufgegenstand *vindizieren* kann.

68 Die Rechtslage ändert sich indessen von Gesetzes wegen bei Konkurs des Käufers nach Lieferung des Kaufobjekts: SchKG 212 schliesst eine Aussonderung der ohne Eigentumsvorbehalt übergebenen Sache aus (dazu vorn N 47).

ddd) Verschulden als Voraussetzung des Schadenersatzanspruchs

69 Voraussetzung des Schadenersatzanspruchs des Verkäufers bildet ein *Verschulden* des Käufers. Diesem steht der Exkulpationsbeweis nach Art. 97 offen (zur Begründung Art. 215 N 8 ff).

cc) *Auslegung der Wahlerklärung*

70 Die komplexe Unterscheidung zwischen Verzicht auf die Leistung des Schuldners (Käufer) unter Aufrechterhaltung des Vertrags sowie Berechnung des positiven Vertragsinteresses und Rücktritt ist erst anlässlich der Revision des Obligationenrechts von 1911 aus dem deutschen Recht übernommen worden (vorn N 42). Man kann kaum behaupten, dass sie auch in das allgemeine Rechtsbewusstsein Eingang gefunden hat: Breite Kreise bringen ihr noch heute kein Verständnis entgegen (gl. M. GUHL, in: Festgabe Wieland 138). Deshalb lässt die Wahlerklärung nicht immer klar erkennen, ob der Verkäufer sich für Rücktritt oder Verzicht auf die Leistung des Schuldners unter Aufrechterhaltung des Vertrags entschied. Eine zweideutige Wahlerklärung ist «nicht nach dem Wortlaut allein, sondern ihrem vernünftigen Sinne entsprechend so auszulegen, wie sie nach der Lage der Umstände vom Gläubiger offenbar gemeint war und auch vom Empfänger vernünftigerweise verstanden werden musste» (BGE *49* II 35; vgl. auch BGE *26* II 129, *44* II 506, *54* II 313 und *76* II 306). In der Regel dürfte die Wahlerklärung nicht als Rücktritt, sondern als Verzicht auf die schuldnerische Leistung unter Aufrechterhaltung des Vertrags und Berechnung des positiven Vertragsinteresses zu interpretieren sein. Das ist nämlich für den Gläubiger zumeist die günstigste Alternative, weil sie erlaubt, den Schuldner auf Ersatz des durch Nichterfüllung des Vertrags entgangenen Gewinns zu belangen. So hat die Praxis anderslautende Erklärungen («Rücktritt», «Annulation» usw.) in einen Verzicht auf die Leistung des Schuldners unter Aufrechterhaltung des Vertrags umgedeutet (BGE *41* II 680, *44* II 174, *54* II 313, *76* II 306; ZR *22* 1923 199 Nr. 109, *23* 1924 290 Nr. 170, *48* 1949 40 Nr. 19). Immerhin wurde folgende Erklärung als eindeutiger *Rücktritt* ausgelegt: «...so würde mein Klient

endgültig von dem mit Ihnen getätigten Vertrag zurücktreten, auf Erfüllung verzichten und Sie für Ersatz des aus dem Hinfall des Vertrags entstehenden Schadens haftbar machen» (ZR *33* 1934 270 Nr. 120). Zugunsten eines Rücktritts äussert sich der Gläubiger auch, wenn er die geleistete Anzahlung zurückfordert, vorausgesetzt, dass die konkreten Umstände eine solche Deutung unterstützen (BGE *44* II 506). Setzt der Verkäufer den ganzen Kaufpreis in Betreibung, dann manifestiert er seinen Willen, am Vertrag festzuhalten und vom Schuldner nachträgliche Erfüllung zu verlangen (SJZ *44* 1948 239).

5. Person des Wahlberechtigten

Bei mehreren auf der Gläubiger- bzw. Verkäuferseite am Vertrag Beteiligten erhebt sich die Frage nach der Person des Wahlberechtigten (hierzu eingehend LEMP 120 ff). Der Solidargläubiger (Art. 150) oder der Mitgläubiger einer unteilbaren Leistung (Art. 70) kann die Wahl mit Wirkung für alle grundsätzlich nur erklären, wenn er zur Stellvertretung der anderen Gläubiger ermächtigt ist (der Umfang der Vollmacht beurteilt sich für den säumigen Schuldner als Dritten nach den Regeln des Vertrauensprinzips, vgl. Art. 33 III). Überschreitet er seine Kompetenz, so sind die Art. 38 f anwendbar. 71

Mit der Abtretung einer Kaufpreisforderung ohne gleichzeitige Übernahme der Verkäuferpflichten wird der Zessionar berechtigt, gemäss der Austauschtheorie vom Käufer Schadenersatz wegen Nichterfüllung oder aber nachträglicher Erfüllung zu fordern. Die Ausübung des Wahlrechts im Sinne des Rücktritts oder des Verzichts auf die Leistung des Käufers unter Berechnung des positiven Vertragsinteresses nach der Differenztheorie ist indessen nur möglich, sofern Zessionar und Zedent (Verkäufer) zusammenwirken. Durch die genannten Rechtsbehelfe werden nämlich beide in ihren Rechten und Pflichten betroffen: Rücktritt und Wahl des Schadenersatzanspruchs nach der Differenztheorie bewirken eine Umgestaltung der zedierten Kaufpreisforderung *und* der beim Verkäufer verbliebenen Pflicht zur Lieferung der Kaufsache (vgl. LEMP 122 f; ZR *8* 1909 Nr. 97, *12* 1913 Nr. 39). Dasselbe gilt, falls die Lieferungspflicht des Verkäufers von einem Dritten übernommen wurde: Gerät der Käufer mit der Zahlung in Verzug, können Verkäufer und Schuldübernehmer die Wahl von Schadenersatz wegen Nichterfüllung auf der Basis der Differenztheorie und den Rücktritt vom Vertrag *nur gemeinsam* erklären. 72

Ebenso haben bei Verpfändung der Kaufpreisforderung Gläubiger und Pfandgläubiger das Wahlrecht *gemeinsam* auszuüben (ZGB 906 II analog). Besass 73 jedoch der Käufer von der Verpfändung keine Kenntnis, darf er gemäss Vertrauensprinzip auch eine allein vom Verkäufer ausgehende Wahlerklärung als gültig betrachten (richtig LEEMANN, ZGB 906 N 13, LEMP 121).

6. Adressat der Wahlerklärung

74 Gemäss Art. 146 kann ein Solidarschuldner – anderslautende Abrede vorbehalten – die Lage der übrigen nicht durch seine persönlichen Handlungen erschweren. Die Ausübung des in Art. 214 bzw. 107 umschriebenen Wahlrechts zeitigt daher nur dann Wirkung für die Gesamtheit der Solidarschuldner, wenn sie *alle* im Verzug sind. Steht dem Verkäufer das Wahlrecht lediglich gegenüber einzelnen Solidarschuldnern zu, darf er es gegen den Willen der anderen nicht so ausüben, dass seine Gegenleistung (Lieferung des Kaufgegenstands) aufgehoben würde (Rücktritt bzw. Verzicht auf die schuldnerische Leistung unter Schadenberechnung gemäss der Differenztheorie; zu dieser Problematik LEMP 69 f; VON TUHR/SIEGWART/ESCHER 296 N 48, 307; RGZ *107* 238 ff).

75 Der Ausübung des in Art. 214 bzw. 107 statuierten Gläubigerwahlrechts sind jedoch keine Grenzen gesetzt, wenn der säumige Käufer seine Forderung auf Lieferung der Kaufsache an einen Dritten abgetreten oder verpfändet hat; gleichgültig, ob der Verkäufer hiervon Kenntnis besass. Pfandgläubiger und Zessionar erwerben bekanntlich die Forderungen in dem Zustand, worin sie sich befinden; der Schuldner kann ihnen gegenüber alle gegen den alten Gläubiger bestehenden Einreden und Rechte geltend machen (BECKER, Art. 169 N 1 ff; ZR *4* 1905 259 Nr. 166).

76 Hatte der Verkäufer im Rahmen eines echten Vertrags zugunsten eines Dritten dem Käufer Lieferung der Kaufsache an jenen Dritten versprochen, dann steht es ihm bei Zahlungsverzug des Käufers (Promissar) frei, sein Gläubigerwahlrecht unbeschränkt auszuüben; dies ungeachtet, ob der Dritte bereits die Erklärung abgegeben hat, «von seinem Rechte Gebrauch machen zu wollen» (vgl. Art. 112 III): Das Forderungsrecht des Dritten gilt nämlich als mit allen Einwendungen und Einreden (ausser der Verrechnung: Art. 122) belastet, die dem Promissar entgegengehalten werden können (richtig VON TUHR/SIEGWART/ ESCHER 248 f und VON BÜREN I 184; a. M. LEMP 124).

77 Übernimmt ein Dritter die Kaufpreisschuld (Art. 175 ff), ohne sich auch die Forderung auf Lieferung der Sache an ihn abtreten zu lassen, und gerät er mit der Zahlung in Verzug, besitzt der Verkäufer wiederum das volle Gläubiger-

wahlrecht (vgl. Art. 178, dazu VON TUHR/SIEGWART/ESCHER 392 ff). Er muss aber seine Wahlerklärung an Schuldübernehmer *und* Urschuldner richten (gl. M. LEMP 125).

F. Dispositive Natur von Art. 214

Nach dem das schweizerische Recht beherrschenden Grundsatz der Vertragsfreiheit ist es den Parteien unbenommen, die Folgen des Schuldnerverzugs abweichend von Art. 214 und 107 zu regeln. Es gelten die allgemeinen Schranken für vertragliche Haftungsbeschränkungen (vgl. dazu LÖRTSCHER THOMAS, Vertragliche Haftungsbeschränkungen im schweizerischen Kaufrecht, Diss. Zürich 1977). [78]

Art. 215

2. Schadenersatz und Schadenberechnung	[1] Kommt der Käufer im kaufmännischen Verkehr seiner Zahlungspflicht nicht nach, so hat der Verkäufer das Recht, seinen Schaden nach der Differenz zwischen dem Kaufpreis und dem Preise zu berechnen, um den er die Sache in guten Treuen weiter verkauft hat. [2] Bei Waren, die einen Markt- oder Börsenpreis haben, kann er ohne einen solchen Verkauf die Differenz zwischen dem Vertragspreis und dem Markt- und Börsenpreise zur Erfüllungszeit als Schadenersatz verlangen.
2. Dommages-intérêts et calcul de ceux-ci	[1] En matière de commerce, le vendeur a le droit de réclamer de l'acheteur en demeure de payer son prix de vente, des dommages-intérêts représentant la différence entre ce prix et celui pour lequel il a revendu la chose de bonne foi. [2] Lorsque la vente porte sur des marchandises cotées à la bourse ou ayant un prix courant, le vendeur peut se dispenser de les revendre et réclamer, à titre de dommages-intérêts, la différence entre le prix de vente et le cours du jour au terme fixé pour l'exécution.
2. Risarcimento e calcolo del danno	[1] Nei rapporti commerciali, se il compratore è in mora, il venditore ha il diritto di computare il suo danno secondo la differenza fra il prezzo di vendita della cosa e quello a cui l'ha posteriormente venduta in buona fede. [2] Trattandosi di merci che hanno un prezzo di borsa o di mercato egli può pretendere, anche senza vendita, la differenza fra il prezzo convenuto e quello di borsa o di mercato al giorno dell'adempimento.

	Note	Seite
Übersicht Materialien	1	677
Literatur	2	677
Rechtsvergleichung	3	677
A. *Systematische Einordnung*	4	677
B. *Allgemeine Grundsätze der Schadenersatzpflicht des Käufers bei Verzug*	8	678
I. Verschulden als Schadenersatzvoraussetzung	8	678
1. Allgemeines	8	678
2. Im besonderen: Verschulden bei Zahlungsverzug	9	679
a) Doktrin und Praxis	9	679
b) Kritik	10	680
c) Normlogische Analyse	12	680
II. Schadenersatzbemessung	13	681
III. Adäquanz	14	682
C. *Allgemeine Grundsätze der Schadenberechnung bei Verzug des Käufers*	15	682
I. Schaden bei Beharren des Verkäufers auf nachträglicher Zahlung des Kaufpreises	15	682
II. Schaden bei Verzicht des Verkäufers auf nachträgliche Leistung durch Käufer unter Aufrechterhaltung des Vertrags	16	682
1. Allgemeine Prinzipien	16	682
2. Austausch- und Differenztheorie	20	683
a) Begriffe	20	683
b) Anwendung im kaufmännischen Verkehr	22	684
c) Anwendung im bürgerlichen Verkehr	26	685
aa) Teleologische Argumente	26	685
bb) Historische Argumente	28	686
cc) Rechtslogische Argumente	29	686
dd) Ergebnis	32	688
d) Keine Anwendung der Differenztheorie bei bereits erfolgter Lieferung der Kaufsache	33	688
e) Allgemeine Berechnungsgrundsätze	34	688
III. Schaden bei Rücktritt des Verkäufers vom Vertrag	36	689
1. Ersatz des negativen Vertragsinteresses	36	689
2. Umfang des negativen Vertragsinteresses	38	689
D. *Besondere Berechnungsarten des Erfüllungsinteresses nach Art. 215*	40	690
I. Schadenberechnung durch konkrete Vorteilsanrechnung mittels Selbsthilfeverkaufs	40	690
1. Geltungsbereich	40	690
2. Keine Rechtspflicht zur Durchführung des Selbsthilfeverkaufs	42	690

	Note	Seite

3. Merkmale des Selbsthilfeverkaufs gemäss Art. 215 II   43   691
   a) Ersatzgeschäft   43   691
   b) Treu und Glauben   44   691
   c) Entbehrlichkeit einer richterlichen Bewilligung   45   691
   d) Ort   46   691
   e) Zeitpunkt   47   692
   f) Vertragsbedingungen   49   692
   g) Vertragsabschluss   50   693
4. Schadenberechnung auf Grund eines Art. 215 nicht entsprechenden Selbsthilfeverkaufs   51   693

II. Schadenberechnung mittels abstrakter Vorteilsanrechnung   53   693
1. Grundsatz   53   693
2. Anwendungsbereich   54   694
3. Voraussetzung: «Markt- oder Börsenpreis»   56   694
4. Gegenbeweis   62   695

III. Abstrakte Berechnung des entgangenen Gewinns   63   695

Materialien   E *1905* und *1909* 1256.   1

Literatur   Vgl. Art. 190 N 2 und 191 N 2 sowie: HEYMANN ERNST, Das Verschulden 2 beim Erfüllungsverzug (Marburg 1913); KIPP THEODOR, Worin besteht der Schadenersatz wegen Nichterfüllung eines gegenseitigen Vertrages?, in: Verhandlungen des 27. Deutschen Juristentags (Berlin 1904) I 249 ff; KISCH WILHELM, Der Schadenersatz wegen Nichterfüllung bei gegenseitigen Verträgen, in: Jher. Jahrb. *44* 1900 68 ff; MANN F.A., The Legal Aspect of Money (3. A. Oxford 1971); SIMITIS SPIROS, Bemerkungen zur rechtlichen Sonderstellung der Gelder, in: AcP *159* 1960 406 ff (445 f); WIEMKEN HELMUTH, Rücktritt und Schadenersatz als Folgen der Nichterfüllung bei gegenseitigen Verträgen (MaschDiss Basel 1931).

Rechtsvergleichung   HGB 373; CCit 1515 und 1518 sowie jeweils im Text.   3

A. Systematische Einordnung

Laut Marginalie regelt Art. 215 «*Schadenersatz und Schadenberechnung*» beim Verzug des Käufers. Er setzt den Inhalt von Art. 97 ff über die Rechtsfolgen der nichtgehörigen Erfüllung voraus: Wenn der Käufer seiner 4

Zahlungspflicht schuldhaft nicht fristgerecht nachkommt, wird er zur Leistung von Schadenersatz verpflichtet. Dieser lässt sich in verschiedener Weise berechnen, je nachdem ob der Verkäufer weiterhin auf der Leistung des Käufers beharrt, unter Aufrechterhaltung des Vertrags darauf verzichtet oder vom Vertrag zurücktritt.

5 Art. 215 I und II bieten dem im kaufmännischen Verkehr tätigen Verkäufer zwei besonders günstige Möglichkeiten der Schadenberechnung, falls er Schadenersatz wegen Nichterfüllung fordert, d.h. unter Aufrechterhaltung des Vertrags auf nachträgliche Leistung des Käufers verzichtet. Es ist ihm jedoch nicht verwehrt, seinen Schaden anders zu berechnen: Er kann die in Art. 215 vorausgesetzten allgemeinen Grundsätze der Schadenberechnung auch dann anwenden, wenn an sich die besonderen Voraussetzungen der Absätze 1 und 2 gegeben wären (hinten N 42).

6 Art. 215 steht in keinem unmittelbaren Zusammenhang mit Art. 214, der die Rechtsfolgen des Zahlungsverzugs allgemein regelt (Art. 214 N 6; LEMP 75; ZR *22* 1923 196 Nr. 109). Die den Verkäufer privilegierenden Methoden der Schadenberechnung nach Art. 215 sind ebenfalls anwendbar, wenn er bei Zahlungsverzug nicht das in Art. 214 umschriebene Prozedere wählt, sondern auf Grund von Art. 107 vorgeht (Nachfristansetzung, vgl. auch BGE *49* II 34 f.).

7 Gemäss Gesetzeswortlaut ist Art. 215 nur für den kaufmännischen Verkehr bestimmt. Ob eventuell und, wenn ja, inwieweit die auf ihn zugeschnittenen Schadenberechnungsarten auch im *nichtkaufmännischen* Verkehr zulässig sind, soll hinten durch teleologische und systematische Interpretation geprüft werden (vgl. N 26 ff, 40 ff und 54 ff).

B. Allgemeine Grundsätze der Schadenersatzpflicht des Käufers bei Verzug

I. Verschulden als Schadenersatzvoraussetzung

1. Allgemeines

8 Nach schweizerischem Obligationenrecht treten – im Gegensatz zum deutschen Recht – bei Vorliegen der durch Art. 102 aufgestellten Voraussetzungen die Rechtsfolgen des Schuldnerverzugs unabhängig von einem

Verschulden ein: Im Rahmen synallagmatischer Verträge kann der Gläubiger das Wahlrecht des Art. 107 ausüben. Anders verhält es sich jedoch bezüglich der Schadenersatzpflicht des säumigen Schuldners: Er muss zwar gestützt auf Art. 104 I unabhängig von einem Verschulden die aufgelaufenen Verzugszinsen zahlen, hat aber Schadenersatz nur zu leisten, sofern es ihm nicht gelingt, sich gemäss Art. 97 I zu exkulpieren. Das gilt nach praktisch unbestrittener Lehre (etwa BECKER, Art. 107 N 40; VON TUHR/SIEGWART/ESCHER 154) trotz des Schweigens des Gesetzes namentlich auch für den Schadenersatz, den der Gläubiger vom säumigen Schuldner fordern kann (Art. 107 II), wenn er unter Aufrechterhaltung des Vertrags auf seine Leistung verzichtet (vgl. hierzu insbesondere Art. 191 N 8 ff und LEMP 36). Der nach Art des Art. 215 errechnete Schadenersatz (Austausch- oder Differenzmethode) ist daher gleichfalls an die Voraussetzung eines Verschuldens geknüpft: Art. 215 ändert nichts an den klassischen Folgen des Schuldnerverzugs, sondern setzt, wie teleologische und systematische Betrachtungen ergeben, offensichtlich die in Art. 107 ff bzw. 97 ff enthaltenen Vorschriften über den Schuldnerverzug voraus.

2. Im besonderen: Verschulden bei Zahlungsverzug

a) Doktrin und Praxis

Grundsätzlich wirkt sich das *Verschulden* im Bereich der Rechtsfolgen aus. So steht einer Partei *Schadenersatz* an sich nur zu, sofern der Exkulpationsbeweis des säumigen Schuldners scheitert. Dieses normative Prinzip stützt sich auf Art. 97, 102 und 106. In der Doktrin ist nun das Problem angeschnitten worden, ob sich dessen Anwendbarkeit auch auf *Geldleistungen* (Kaufpreiszahlung) erstreckt oder hier eine Ausnahme im Sinne der *Kausalhaftung* vorliegt. Dazu führt VON BÜREN I 391 f aus: «Geld und Vermögen haben schuldrechtlich eine Rolle, die nicht unterstrichen zu werden braucht. Gerade aber in dem so kardinalen Punkt der wirtschaftlichen Leistungskraft des Schuldners ist Kausalhaftung festzustellen. Der Schuldner hat die zur Erfüllung erforderlichen Mittel ohne alle Bedingung zu haben, er kann keine Entlastung ableiten aus noch so unverschuldeter Verarmung, aus Familienlasten, Schicksalsschlägen, Zugriff anderer Gläubiger usw.» Entgegen der Meinung VON BÜRENS versteht sich diese im Gesetz nirgends direkt erkennbare Auffassung keineswegs von selbst. Auch die von VON BÜREN I 392 N 117 zur Fundierung seiner Ansicht erwähnten Gerichtsentscheide und die Literaturhinweise lassen *nicht* den Schluss zu, den VON BÜREN aus ihnen ziehen will, nämlich dass man

Geld schlechtweg zur Verfügung haben muss. So argumentierte das Bundesgericht wie folgt: «... Invoquer l'interdiction formulée par le juge ou même simplement le fait que la banque (Schuldnerin, Verf.) ne pouvait plus, en juillet 1931, payer certains de ses créanciers sans commettre des actes sujets à révocation, c'est faire de l'insolvabilité comme telle, une excuse. Or cela est inadmissible..., car très souvent, le débiteur est lui-même le propre artisan de son insolvabilité; très souvent celle-ci decoule de sa mauvaise gestion ou de son imprévoyance. Si le débiteur réussit à prouver que tel n'est pas le cas, dans une espèce donnée, mais qu'au contraire, son insolvabilité même est, *in concreto,* la résultante fatale des faits dont il ne répond pas, *alors il sera excusé*» (BGE *60* II 339; Hervorhebungen durch Verf.). Exkulpation des Geldschuldners ist also im Ergebnis der Nachweis, dass er infolge unverschuldeter Ereignisse seiner Zahlungspflicht nicht genügen konnte.

b) Kritik

10   Ebensowenig bedeutet ZR *34* 1935 43 Nr. 16 eine Stütze für VON BÜRENs Auffassung: Dieser Entscheid stellt fest, dass dem Geldschuldner der Einwand der Unmöglichkeit der Leistung (Art. 119) versagt bleibt; er beantwortet mithin eine Rechtsfrage, die vom Problem der Exkulpationsmöglichkeit des Geldschuldners scharf zu unterscheiden ist. BECKER, Art. 106 N 2, den VON BÜREN I 392 N 117 zitiert, nennt BGE *60* II 339 (vorn N 9 zitiert) und anerkennt ausdrücklich die Exkulpationsmöglichkeit des Geldschuldners; auch dieser Judikaturhinweis vermag also VON BÜRENs Ansicht von der Kausalhaftung des Geldschuldners nicht zu untermauern.

11 Wie VON BÜREN äussern sich für das *deutsche* Recht STAUDINGER/WERNER, BGB 285 N 3 und BGB 279 N 2, wobei aber wiederum die Verschuldensfrage beim Verzug mit dem Problem der Unmöglichkeit der Erfüllung einer Geldschuld verwechselt wird.

c) Normlogische Analyse

12   Verzug tritt kausal, d. h. ohne jegliches Verschulden, ein. Das gilt ebenfalls für die meisten Verzugsfolgen. Eine Ausnahme besteht aber hinsichtlich des Schadenersatzanspruchs; seine Durchsetzung hängt vom Nachweis eines Verschuldens ab. Das Gesetz (Art. 97, 102 und 106) differenziert nun keineswegs nach der *Art* der Leistungen. Rechtslogisch einleuchtende oder sich aus dem Historischen, allenfalls sogar der Zweckausrichtung aufdrängende Gründe für eine andere Behandlung von Geld-, Sach- oder Arbeitsleistungen sind denn auch nicht ersichtlich. Richtigerweise muss daher die Exkulpation des

Geldschuldners mangels gegenteiliger gesetzlicher Anordnung *möglich* sein (vgl. BGE *60* II 339 und *76* II 378). Allerdings ist ein strenger Massstab anzulegen: Wer Verträge eingeht und sich zu Geldleistungen verpflichtet, hat grundsätzlich dafür zu sorgen, dass im massgebenden Zeitpunkt die notwendigen Mittel vorhanden sind. Gerät jedoch der Geldschuldner durch eine unglückliche Verkettung von Umständen unverschuldet in Verzug, so erscheint es normlogisch konsequent, ihn wie jeden anderen Schuldner von der Schadenersatzpflicht zu befreien. Exkulpation mag etwa gelingen, wenn der Geldschuldner sein Vermögen bei einer als seriös geltenden Bank angelegt hat, über die unvermutet der Konkurs hereinbricht. Ging aber seine Finanzkraft durch spekulative Anlagen verloren, liegt eben Verschulden vor und scheitert der Exkulpationsversuch. Eine Berufung auf die schlechte Konjunkturlage dürfte in der Regel nicht zur Exkulpation ausreichen; es sei denn, dass unerwartet ein geradezu katastrophaler Währungszerfall eingetreten ist (Anwendungsfall der clausula rebus sic stantibus). Den exkulpierten Geldschuldner kann der Verkäufer zwar auf nachträgliche Zahlung von Kaufpreis (eine Geldleistung wird als Gattungsschuld – wenn überhaupt – höchstens in Extremsituationen unmöglich!) und Verzugszinsen (Art. 104) belangen, nicht aber auf Schadenersatz. Ebenso steht es in seinem Belieben, vom Vertrag zurückzutreten und die Kaufsache zu behalten oder ihre Rückgabe zu bewirken, aber auch hier, ohne Schadenersatz zu fordern.

II. Schadenersatzbemessung

13   Die allgemeinen Regeln der Schadenersatzbemessung gemäss Art. 43 f in Verbindung mit Art. 99 sind anwendbar: Unverschuldete äussere Umstände als *Mitursache* des Verzugs führen somit zur Reduktion der auf einem konkurrierenden Verschulden beruhenden, grundsätzlichen Schadenersatzpflicht des Käufers (eine totale Exkulpation schliesst bekanntlich Schadenersatzfolgen überhaupt aus; vgl. vorn N 8); so etwa bei Verlust des einer durch Währungszerfall insolvent gewordenen Bank anvertrauten Vermögens. Drittverschulden stellt als personengebundene Ursache keinen Reduktions-, sondern bei genügender Intensität einen Unterbrechungsgrund des Kausalzusammenhangs dar. Vgl. auch Art. 191 N 11, OFTINGER I/98 ff, 121 ff.

III. Adäquanz

14 Der Verkäufer ist nur dann berechtigt, vom Käufer Schadenersatz zu fordern, wenn der eingetretene Schaden durch den Verzug des Käufers *adäquat* verursacht wurde (eingehend BECKER, Art. 97 N 54 ff).

C. Allgemeine Grundsätze der Schadenberechnung bei Verzug des Käufers

I. Schaden bei Beharren des Verkäufers auf nachträglicher Zahlung des Kaufpreises

15 Der Verkäufer hat – ausser seiner Kaufpreisforderung – unabhängig von Verschulden des Käufers Anspruch auf *Verzugszinsen* (Art. 104). Darüber hinaus kann er, sofern die Exkulpation des Käufers misslingt (vorn N 8 ff), auch Ersatz des die Verzugszinsen übersteigenden Schadens verlangen, z. B. bei Währungsverlusten (BGE *60* II 337 ff und *76* II 371 ff) oder bei Nachweis, dass rechtzeitige Zahlung es ihm ermöglicht hätte, weitere Waren einzukaufen und gewinnbringend abzusetzen; allerdings muss ein adäquater Kausalzusammenhang gegeben sein. Dem Verkäufer kommt sodann Ersatz der Spesen zu, die aus der Beauftragung eines Anwalts oder Inkassobüros mit der Eintreibung der ausstehenden Kaufpreissumme entstanden sind (dazu ebenfalls STAUDINGER/WERNER, BGB 286 N 19 f). Vergleiche im übrigen BECKER, Art. 103 N 12 ff sowie Art. 106 N 1 ff.

II. Schaden bei Verzicht des Verkäufers auf nachträgliche Leistung durch Käufer unter Aufrechterhaltung des Vertrags

1. Allgemeine Prinzipien

16 Der Käufer schuldet dem Verkäufer Ersatz des Schadens, der ihm wegen seiner *definitiven Nichtleistung* erwächst. Es handelt sich um die Differenz zwischen der günstigeren Vermögenslage des Verkäufers, welche bei ge-

höriger Vertragserfüllung durch den Käufer zu erwarten gewesen wäre, und der ungünstigeren, wie sie nun infolge Nichterfüllung eingetreten ist (BGE *25* II 781; KELLER MAX 3f; LEMP 146). Dem Verkäufer gebührt folglich auch Ersatz des entgangenen Gewinns. Der so berechnete Schaden entspricht dem *Erfüllungsinteresse* bzw. *positiven Vertragsinteresse* (Interesse des Verkäufers an der gehörigen Erfüllung).

Der Käufer muss dem Verkäufer ferner diejenigen Nachteile ersetzen, die ihm 17 daraus entstehen, dass er mangels Zahlung nun seinerseits seine Gläubiger nicht rechtzeitig befriedigen kann und allenfalls schadenersatz- oder verzugszinspflichtig wird. Hierfür hat der Käufer aber nur insoweit einzustehen, als *kein Selbstverschulden* des Verkäufers vorliegt (Art.44 in Verbindung mit Art.99). Treu und Glauben verpflichten den Verkäufer, nach seinen Möglichkeiten zur Abwendung oder Verminderung des Schadens beizutragen. Er ist daher grundsätzlich gehalten, einen *Selbsthilfeverkauf* durchzuführen, falls der erzielbare Kaufpreis die Gestehungskosten des Kaufgegenstands übersteigt (vgl. LEMP 197 und, analog zum Deckungskauf gemäss Art.191, BGE *32* II 272f sowie *44* II 51).

Die Schadenberechnung richtet sich grundsätzlich nach den *allgemeinen Prinzi-* 18 *pien*. Das gilt auch dort, wo die Voraussetzungen der *besonderen* Schadenberechnungsarten von Art.215 erfüllt wären. Der Verkäufer braucht sich m.a.W. nicht an diese Norm zu halten (vgl. OSER/SCHÖNENBERGER, Art.215 N 1; SECRÉTAN 49; BGE *65* II 173, *49* II 33f, analog *43* II 179f); sie ist nicht zwingender Natur (Abs.1: «hat der Verkäufer das Recht»; Abs.2: «kann er»). Ebenso kann natürlich die Schadenberechnung nach den allgemeinen Regeln zulässig sein, falls es an den Voraussetzungen von Art.215 gebricht.

Der Verkäufer ist von Bundesrechts wegen befugt, sogar noch im Prozess die 19 Schadenberechnungsart zu ändern (analog BGE *81* II 52f zu Art.191).

2. Austausch- und Differenztheorie

a) Begriffe

Die Höhe des dem Gläubiger (Verkäufer) wegen der Nichter- 20 füllung durch den Schuldner (Käufer) entstandenen Schadens hängt davon ab, ob er seine eigene Leistung weiterhin erbringen muss (Austauschtheorie) oder sie behalten darf. Bei der *Austauschtheorie* tritt der Schadenersatz lediglich an die Stelle der primären Leistungspflicht des im Verzug befindlichen Schuldners; der Gläubiger bleibt nach wie vor verpflichtet, die Gegenleistung zu erbringen.

Sein Schaden besteht somit im Wert, den die ausgebliebene Leistung des Schuldners für ihn gehabt hätte (BECKER, Art. 97 N 50; LEMP 41). Wenn hingegen der Gläubiger seine eigene Leistung zurückbehalten darf, tritt der Schadenersatzanspruch wegen Nichterfüllung an die Stelle der beidseitigen Leistungspflichten (LEMP 42). Der Schaden ergibt sich dann aus der Differenz zwischen dem Wert der nicht erbrachten Leistung des Schuldners und demjenigen der zurückbehaltenen Gegenleistung des Gläubigers *(Differenztheorie)*.

21 Der Verzug des Käufers (Art. 214f) bedeutet nicht automatisch Befreiung des Verkäufers von seiner Leistungspflicht, d. h. von der Pflicht, die Ware zu liefern. Deshalb steht bei der Wahl des nun einzuschlagenden Vorgehens das Schicksal der Ware meist im Zentrum seiner Überlegungen, d. h. die Frage, ob er sie weiterhin bereithalten muss (Austauschtheorie) oder über sie verfügen darf (Differenztheorie).

b) Anwendung im kaufmännischen Verkehr

22 Art. 215 anerkennt die Schadenberechnung nach der *Differenztheorie* ausdrücklich sowie übereinstimmend mit Art. 191 II und III für den Bereich des Handelskaufs («kaufmännischer Verkehr», vgl. Art. 215 I).

23 Was unter den Begriff «kaufmännischer Verkehr» fällt, geht aus den Darlegungen zu Art. 190 N 15 ff hervor: Das schweizerische Recht – dies als Fazit – stellt nicht einfach auf die Kaufmannseigenschaft ab. Entscheidend ist vielmehr, ob ein *Kauf zum Wiederverkauf* vorliegt (OFTINGER, SJZ *50* 1954 154; BGE *65* II 173). Kaufmännischer Verkehr i. S. v. Art. 215 kann also auch unter *Nichtkaufleuten* gegeben sein.

24 Das in Doktrin und Rechtsprechung entwickelte Kriterium des «Wiederverkaufs» erweist sich im Zusammenhang mit Art. 215 als ungenügend, weil es – was die bisherige Sinndeutung des Begriffs «kaufmännischer Verkehr» anbelangt – auf der Vorstellung beruht, dass der *Käufer* die Sache zwecks Wiederverkaufs erworben haben muss (BGE *65* II 173; Semjud *87* 1965 177ff). Dabei kommt es doch im Rahmen von Art. 215 massgeblich auf die entsprechenden Intentionen des *Verkäufers* an! Die Schadenberechnungsarten des Art. 215 sind ja ihrer Natur nach auf den als Kaufmann bzw. gemäss kaufmännischen Regeln handelnden Verkäufer zugeschnitten: *Seinen* Schaden gilt es zu ermitteln (inwieweit sie auch im bürgerlichen Verkehr zur Anwendung gelangen, wird hinten N 40ff und 54f erläutert). Weshalb sollte denn ihre Anwendbarkeit davon abhängen, ob für den *Käufer* kaufmännische Gesichtspunkte entscheidend sind oder nicht?

25 Kaufmännischer Verkehr *nach Art. 215* liegt folglich richtigerweise nur vor,

wenn der getätigte Verkauf mit dem Geschäftsbetrieb des *Verkäufers* im Zusammenhang steht. Das trifft z. B. bei Erwerb der Ware durch den *Verkäufer* mit Wiederverkaufsabsicht zu, aber darüber hinaus etwa auch, sofern sie der Verkäufer selbst gewerbsmässig herstellt. Kaufmännischer Verkehr i. S. v. Art. 215 ist also anzunehmen, falls ein Möbelhändler einem Privatmann Stühle verkauft. Er muss aber verneint werden bei Weiterveräusserung eines ausgedienten Privatautos durch einen Nichtkaufmann oder sogar Geschäftsmann an eine Autogarage, die dessen Wiederverkauf beabsichtigt.

c) Anwendung im bürgerlichen Verkehr

aa) Teleologische Argumente

Von der neueren Doktrin und Rechtsprechung (*Doktrin:* BOSSHARDT 82; BREITLER 95; COMMENT 113; ENGEL 494; GÖSCHKE 85; GUHL, Rücktritt 145; GUHL/MERZ/KUMMER 231; LEMP 44ff; OFTINGER, Bundesgerichtspraxis 147ff; SECRÉTAN 34ff; VON BÜREN I 377f; WIEMKEN 134. *Rechtsprechung:* Rep *94* 1961 100ff; SJZ *37* 1940/41 43f, *51* 1955 74f, *53* 1957 326ff, *58* 1962 306f Nr. 171; ZBJV *79* 1943 268ff; ZR *36* 1937 368 Nr. 190 Erw 8, *40* 1941 241 Nr. 92 Erw 8; unklar BGE *50* II 20ff, *54* II 308ff, *65* II 174. *Anderer Meinung* BECKER, Art. 97 N 51; HONEGGER 51; MARTIN 109ff; OSER/SCHÖNENBERGER, Art. 107 N 23; ROSSEL 159; VON TUHR, Allg. Teil 503, 550; VON TUHR/SIEGWART 545f; VOSER 72; ihnen folgend VON TUHR/SIEGWART/ESCHER 155; ferner BGE *41* II 248.) wird die Zulässigkeit der Differenztheorie mit Recht über den Wortlaut von Art. 215 hinaus ebenfalls auf *Nichthandelsgeschäfte* ausgedehnt. *Teleologische* Argumente zeigen nämlich klar, dass diese Berechnungsmethode ganz allgemein für sämtliche synallagmatischen Vertragstypen anwendbar sein muss: Der Gläubiger (Verkäufer) weiss zumeist nicht mit Sicherheit, ob der Verzug des Schuldners (Käufer) verschuldet ist oder nicht. Bei Anwendung der Austauschtheorie müsste er seine eigene Leistung nur erbringen, wenn ihm infolge Verschuldens des Käufers Schadenersatz zugesprochen würde, nicht aber im Fall des Gelingens des Exkulpationsbeweises, weil dann die Schadenersatzpflicht entfiele (Gleichgewicht zwischen Leistung und Gegenleistung, vgl. LEMP 133). Es kann nun aber dem Gläubiger nicht zugemutet werden, den Kaufgegenstand bis zu einem allenfalls in weiter Ferne liegenden Prozess aufzubewahren (Gefahr der Entwertung, Hinterlegungs- und Unterhaltskosten); vielmehr muss er die Möglichkeit haben, durch Anwendung der Differenztheorie über seine Leistung zu verfügen (vgl. LEMP 50f).

27 Die Differenztheorie liegt häufig auch im Interesse des säumigen *Käufers:* Wäre ihm an der Lieferung gelegen, dann hätte er im Regelfall wohl alle ihm zumutbaren Mittel eingesetzt, um den Verzug zu verhüten. Fehlt ihm jedoch jegliches Interesse an einer Erfüllung durch die Gegenpartei, so verzichtet er mit Vorteil auf Lieferung der Sache; hat er doch dann wesentlich geringeren Schadenersatz zu entrichten. Gegenteilige Behauptungen im Prozess sind meistens rein taktisch bedingt (vgl. LEMP 56).

bb) Historische Argumente

28 Ebensowenig spricht die *historische* Auslegung gegen die Differenztheorie. Mit Art. 215 (sowie Art. 191 II und III) bezweckte der Gesetzgeber einzig, die herrschende Gerichtspraxis hinsichtlich der Methoden der Schadenberechnung im Obligationenrecht zu verankern. Er wollte die Differenztheorie keineswegs ausschliesslich auf die in Art. 215 geregelten Anwendungsfälle beschränken. Das ergibt sich klar aus den Materialien (vgl. Botsch vom 3. März 1905 in: Bbl *1905* II 24; ProtExpKom vom 14. Oktober 1908; StenBullNR *1909* 546, StenBullStR *1910* 187).

cc) Rechtslogische Argumente

29 Zu Unrecht werden aus der Rechtslogik Argumente gegen die Differenztheorie abgeleitet. So behaupten einige, sie sei mit Art. 82 unvereinbar; denn danach müsse der Gläubiger bereits erfüllt haben oder Erfüllung anbieten, wenn er vom Schuldner dessen Leistung bzw. Schadenersatz verlangen wolle (KISCH 99; VON TUHR/SIEGWART/ESCHER 104f). Man verkennt aber, dass der Schadenersatz bei Anwendung der Differenztheorie nicht bloss an die Stelle der primären Leistungspflicht des Schuldners tritt. Er tangiert vielmehr *beide Vertragsparteien,* indem er das Liquidationsergebnis im Sinne des Ersatzes für den vertragskonformen, aber unterbliebenen Leistungsaustausch darstellt. Gerade aus Art. 82 lässt sich jedoch ebenfalls ein Argument *zugunsten* der Differenztheorie gewinnen: Gemäss dieser allgemeingültigen Regel für synallagmatische Verträge muss auch der Käufer schon bezahlt haben oder Bezahlung anbieten, falls er vom Verkäufer dessen Sachleistung verlangen will. Verzichtet nun letzterer bei Verzug des Käufers i. S. v. Art. 107 (bzw. 214) auf die Geldleistung, so kann der Käufer nachträglich nicht mehr Erfüllung anbieten. Der dem Gläubiger (Verkäufer) auf Grund von Art. 82 zustehenden Einrede des nichterfüllten Vertrags kommt daher peremptorischer Wirkung zu und befreit ihn definitiv von der Verpflichtung, die eigene Leistung zu erbringen (ausführlich LEMP 49f; RGZ *66* 67f).

Ebenso verfehlt ist es, was VON TUHR/SIEGWART/ESCHER, 105 N 76, gegen die 30
Differenztheorie vorbringen: Aus Art. 119 II ergebe sich, dass der Schuldner
(hier Käufer) seine Forderung verliere, weil unverschuldete Unmöglichkeit der
eigenen Leistung (auf den Käuferverzug bezogen wäre es die Geldleistung, welche allerdings höchstens in Extremsituationen – wie Konkurs infolge Währungszerfalls – unmöglich werden könnte; vgl. zur Kontroverse über die sog.
subjektive Unmöglichkeit nach Art. 119 VON BÜREN I 390 f) zwangsläufig zu seiner Befreiung führe. Also behalte er diese Forderung (argumentum e contrario),
wenn er bei verschuldeter Unmöglichkeit (Art. 97) Schadenersatz zu entrichten
habe. – Dies stellt offensichtlich eine logisch keineswegs zwingende Buchstabeninterpretation des Gesetzes dar. Genau so gut würde sich ein anderes Argument eignen: Wenn der Gläubiger (hier Verkäufer) schon bei *unverschuldeter*
Unmöglichkeit der Gegenleistung (hier Kaufpreiszahlung) von seiner eigenen
Leistungspflicht entbunden wird, sollte eine Befreiung erst recht im Falle eines
Verschuldens des Schuldners (hier Käufer) eintreten (richtig LEMP 50; vgl.
WIEMKEN 130).

Gegner der Differenztheorie erklären sodann, sie bewirke im Ergebnis faktisch 31
einen *Rücktritt* mit Ersatz des *positiven* Vertragsinteresses; eine Kombination,
die das Obligationenrecht ja gerade ausschliessen wolle, da doch Art. 109 für
den Rücktritt nur Ersatz des *negativen* Interesses statuiere (vgl. OSER/SCHÖNENBERGER, Art. 107 N 23). Auch diese Argumentation überzeugt nicht, was wiederum am Beispiel des Kaufvertrags darzulegen ist: Der unter Aufrechterhalten
des Vertrags und Nichterbringen der eigenen Leistung ausgesprochene Verzicht des Verkäufers auf die Leistung des säumigen Käufers entspricht keineswegs dem Rücktritt vom Vertrag: Eine *Rückforderung* der bereits erbrachten
Leistung des Verkäufers lässt sich nämlich – der entsprechende Nachweis folgt
hinten N 33 – im Rahmen von Art. 214 III nur bei Rücktritt, nicht jedoch im
Falle eines Leistungsverzichts unter Aufrechterhaltung des Vertrags verwirklichen. Wie übrigens LEMP 52 ff richtig ausführt, ist der Entscheid über den Ersatz von negativem oder positivem Interesse nicht rechtslogischer, sondern
rechtspolitischer Natur: Dass Art. 109 dem Gläubiger beim *Rücktritt* vom Vertrag bloss Ersatz des *negativen* Interesses zugesteht, kann keineswegs auf jede
nachträgliche Vertragsauflösung ex tunc ausgedehnt werden: Art. 195 (Auflösung des Vertrags wegen Entwehrung) und Art. 208 (Wandelung) sehen beispielsweise Ersatz des *positiven* Interesses vor (dazu Art. 195 N 36 f und Art. 208
N 45).

dd) Ergebnis

32   Aus all den bisherigen Erörterungen folgt, dass die in Art. 215 verankerte Berechtigung des Verkäufers, seinen Schaden nach der Differenztheorie zu berechnen, auch im nichtkaufmännischen Verkehr gilt.

d) Keine Anwendung der Differenztheorie bei bereits erfolgter Lieferung der Kaufsache

33   Hat der Verkäufer dem Käufer die Sache bereits geliefert, d. h. seine eigene Leistung schon erbracht, dann lässt sich der Schadenersatz nicht auf Grund der Differenztheorie berechnen. Nach der bei LEMP 59 und in ZR *19* 1920 242 Nr. 122 ohne eingehende Begründung geäusserten Ansicht ist Rückforderung nur möglich, falls der Verkäufer den *Rücktritt vom Vertrag* wählt, und auch dies natürlich einzig, sofern er gemäss Art. 214 III ausdrücklich einen entsprechenden Vorbehalt anbrachte (vgl. Art. 214 N 38 ff). Das trifft zu: Weder Art. 215 noch die Art. 107 ff erwähnen eine Berechtigung des Verkäufers (bzw. Gläubigers), auf dem Vertrag zu beharren *und* die Kaufsache *zurückzufordern*. Wird sie aber zurückbehalten und lediglich ihr Wert bei der Auseinandersetzung zwischen Gläubiger und Schuldner rechnerisch berücksichtigt, dann geht es einzig um die Bemessung der dem Gläubiger zustehenden Schadenersatzforderung. Im übrigen wäre es auch nicht recht verständlich, weshalb der Verkäufer die Möglichkeit haben sollte, den Kaufgegenstand unter Aufrechterhaltung des Vertrags gestützt auf die Differenztheorie unbeschränkt zurückzufordern, obwohl dies doch nach dem offensichtlichen Willen des Gesetzgebers durch Art. 214 III gerade zu verhindern ist! (hierzu auch Art. 214 N 43 ff und KIPP 280 ff)

e) Allgemeine Berechnungsgrundsätze

34   Bei der *Berechnung des Erfüllungsinteresses gemäss der Austauschtheorie* hat man vom Wert der nicht erbrachten Leistung des Käufers auszugehen. Weil es sich dabei um Geld handelt (Kaufpreis), bereitet diese Berechnung keine Probleme.

35   Ermittelt jedoch der Verkäufer seinen Schaden auf Grund der *Differenztheorie*, dann muss er zwecks Vorteilsanrechnung den Wert seiner eigenen zurückbehaltenen Leistung in Rechnung stellen bzw. von dem nach der Austauschtheorie berechneten Schadenersatz abziehen. Als massgebend gilt der Vermögenswert, den der Kaufgegenstand *für den Verkäufer* verkörpert und nicht derjenige, den er für den Käufer gehabt hätte (richtig LEMP 187; KISCH 104): Die Vorteilsanrechnung stellt jeweils auf den Wert ab, den der mit dem Schaden einhergehende Vorteil für den Geschädigten besitzt (OFTINGER I 178).

III. Schaden bei Rücktritt des Verkäufers vom Vertrag

1. Ersatz des negativen Vertragsinteresses

Der Käufer ist gehalten, dem Verkäufer als Schaden die *Differenz* zwischen dem Vermögensstand zu ersetzen, wie er sich infolge Abschlusses des wegen Schuldnerverzugs nunmehr ex tunc aufgelösten Vertrags ergibt und dem Vermögensstand, wie er sich ohne Eingehen dieses Vertrags ergeben hätte. Der Verkäufer darf Ersatz des *negativen Vertragsinteresses* beanspruchen. 36

Zu den Elementen des negativen Vertragsinteressen siehe Art. 214 N 63; ferner im einzelnen BECKER, Art. 26 N 6 ff und ausführlich KELLER MAX 258 ff. 37

2. Umfang des negativen Interesses

Das *negative Interesse ist* – wie vorn Art. 191 N 26 ff nachgewiesen – *im allgemeinen geringer als das positive,* weil der Verkäufer ja nur unter dem Titel dieses sogenannten Erfüllungsinteresses Ersatz des ihm wegen nichtgehöriger Vertragserfüllung seitens des Käufers entgangenen Gewinns verlangen kann. Im erwähnten Zusammenhang wurde jedoch ausgeführt, dass das negative Interesse bei einem *Verlustgeschäft* das positive übersteigt, dann aber gemäss Art. 44 eine Beschränkung des Ersatzes des negativen Interesses auf die Summe des positiven gerechtfertigt ist. 38

Nur ausnahmsweise muss der Käufer dem Verkäufer ein negatives Interesse, welches das positive übersteigt, voll ersetzen. Dies trifft etwa dort zu, wo der Verkäufer mit dem zustande gekommenen Rechtsgeschäft keinen Gewinn anstrebt, aber dennoch in Erwartung künftiger Vertragstreue aussergewöhnliche Mittel und Kosten einsetzt. Praktisch liegt eine solche Situation z. B. vor, wenn er das Ziel verfolgt, mit dem Käufer in dauerhafte Geschäftsbeziehungen zu treten, und er deshalb seine Offerte besonders preisgünstig kalkuliert. 39

B. Besondere Berechnungsarten des Erfüllungsinteresses nach Art. 215

I. Schadenberechnung durch konkrete Vorteilsanrechnung mittels Selbsthilfeverkaufs

1. Geltungsbereich

40 Gemäss Art. 215 I kann der Verkäufer die Sache, welche er unter Verzicht auf die Leistung des säumigen Käufers und in Anwendung der Differenztheorie zurückbehalten hat, anderswo verkaufen und als Schaden die Differenz zwischen dem vereinbarten Kaufpreis (nach der stillschweigenden Vermutung des Gesetzes ist er höher) und dem im Rahmen des Selbsthilfeverkaufs erzielten Erlös geltend machen.

41 Art. 215 I nennt die Möglichkeit des Selbsthilfeverkaufs nur für den kaufmännischen Verkehr. Aus dem Schweigen des Gesetzes darf jedoch nicht e contrario geschlossen werden, dass er im *bürgerlichen Verkehr* unzulässig sei. Wenn schon die Schadenberechnung nach der Differenztheorie auch in diesem rechtsgeschäftlichen Bereich anerkannt wird (dazu vorn N 26 ff), dann sollte dort folgerichtig ebenfalls der Selbsthilfeverkauf gestattet sein.

Dürfte nämlich der Verkäufer die gemäss Differenztheorie zurückbehaltene Kaufsache nicht weiterveräussern, wäre er in der Regel ausserstande, einen Schaden nachzuweisen (SJZ *51* 1955 74), weil sich ja der entgangene Gewinn – soweit die Voraussetzungen von Art. 215 II nicht erfüllt sind – nur durch Vergleich mit dem in einem Ersatzgeschäft erzielten Verkaufspreis bemessen lässt (vgl. dazu SJZ *51* 1955 74 f und Rep *94* 1961 100 ff, zusammengefasst in SJZ *58* 1962 306). Nicht zu überzeugen vermag die unbegründete Behauptung VON TUHRS (SJZ *18* 1921/22 368 Nr. 6), im nichtkaufmännischen Verkehr müsse der Verkäufer gemäss Art. 92 f (Gläubigerverzug) vorgehen.

2. Keine Rechtspflicht zur Durchführung des Selbsthilfeverkaufs

42 Prinzipiell trifft den Verkäufer *keine Pflicht*, einen Selbsthilfeverkauf durchzuführen (BGE *65* II 173); es ist ihm vielmehr anheimgestellt, seinen Schaden bei Vorliegen der Voraussetzungen von Absatz 2 abstrakt zu er-

mitteln. Berechnet er ihn aber *konkret,* d.h. als Differenz zwischen der vereinbarten Kaufsumme und dem Einstandspreis (entgangener Gewinn), oder legt er seiner Berechnung gar Schadenersatzforderungen zugrunde, die seine Lieferanten wegen Zahlungsverzugs an ihn richten (wegen der ausgebliebenen Kaufpreisleistung kann er sie nun ebenfalls nicht rechtzeitig befriedigen), so ändert sich die Situation: In diesem Fall steht dem belangten ersatzpflichtigen Käufer der Einwand offen, dass der Schaden durch Selbsthilfeverkauf hätte vermindert oder vermieden werden können (vgl. analog zum Deckungskauf nach Art. 191 BGE *44* II 51).

3. Merkmale des Selbsthilfeverkaufs gemäss Art. 215 II

a) Ersatzgeschäft

43 Ein Selbsthilfeverkauf als Ausgangsbasis der Schadenberechnung liegt nur vor, wenn der mit dem Dritten getätigte Verkauf als Ersatzgeschäft für den vom Käufer nicht erfüllten Vertrag dient. Das trifft dort nicht zu, wo der Verkäufer den Vertrag mit dem Dritten auch trotz gehöriger Erfüllung durch den Käufer abgeschlossen hätte: Beim Verkauf von vertretbaren Sachen liegt das durchaus im Bereich des Möglichen.

b) Treu und Glauben

44 Der Verkäufer muss bei der Vornahme des Selbsthilfeverkaufs die *Grundsätze von Treu und Glauben* beachten (LEMP 189f) bzw. die ihm nach den Umständen zumutbare Sorgfalt anwenden. Andernfalls wäre die einem Dritten verkaufte Sache dem Verkäufer zu demjenigen Preis anzurechnen, den er nach Treu und Glauben für sie hätte lösen können (analog Art. 191 N 34 ff und dort zit. Judikatur sowie LEMP 191 f).

c) Entbehrlichkeit einer richterlichen Bewilligung

45 Im Gegensatz zu Art. 93 darf der in Art. 215 I vorgesehene Selbsthilfeverkauf *ohne richterliche Bewilligung* stattfinden (BJM *1955* 328f; LEMP 190). Holt der Verkäufer sie dennoch ein, so ist der Käufer gleichwohl befugt, gegenüber der Schadenberechnung des Verkäufers einzuwenden, die Veräusserung sei nicht in guten Treuen erfolgt (ZR *16* 1917 180 Nr. 109).

d) Ort

46 Der Selbsthilfeverkauf muss grundsätzlich dort stattfinden, wo für die Ware am meisten gelöst werden kann. Indessen braucht der Verkäu-

fer keine langwierigen Erkundigungen darüber einzuziehen, an welchem Ort sich der günstigste Preis erzielen lässt. Er muss lediglich die für ihn voraussetzbaren Geschäftserfahrungen berücksichtigen (objektivierter Massstab). Kennt er keine besseren Absatzmöglichkeiten, dann handelt er grundsätzlich in guten Treuen, wenn er den Selbsthilfeverkauf am Ort der gelegenen Sache, an seinem Wohnort bzw. seiner Geschäftsniederlassung oder an dem diesen Orten nächstgelegenen Marktplatz vornimmt (gl. M. LEMP 190).

e) Zeitpunkt

47   Der Selbsthilfeverkauf ist *innert angemessener Frist seit Ausübung des Wahlrechts* durchzuführen. Zögert der Verkäufer allzulange und fallen inzwischen die Preise, hat er den daraus entstehenden Verlust selbst zu tragen (ZR *18* 1919 Nr. 53; SJZ *30* 1933/34 48). Insbesondere wenn der Wert des Kaufobjekts starken Kursschwankungen unterliegt, darf der Verkäufer den Selbsthilfeverkauf nur im Einverständnis mit dem Käufer hinausschieben (SJZ *30* 1933/34 48). Sollte demgegenüber eine Weiterveräusserung zu angemessenen Preisen nicht sofort möglich sein, weil momentan keine Nachfrage besteht, dann darf, ja muss der Verkäufer einen günstigeren Zeitpunkt abwarten (SJZ *19* 1922/23 152f).

48   Im Gegensatz zum Deckungskauf (vgl. Art. 191 N 36) geht es nicht an, den Selbsthilfeverkauf vor Ausübung des Wahlrechts zu tätigen; dies selbst bei Voraussehbarkeit des Käuferverzugs. Anders als der Deckungskauf bedeutet er nämlich eine Verfügung über die eigene vertraglich geschuldete Leistung, die erst zulässig ist, nachdem sich der Verkäufer durch Ausübung des Wahlrechts von der Erfüllung seiner eigenen Pflichten befreit hat (richtig LEMP 191; a. M. JT *51* 1903 399).

f) Vertragsbedingungen

49   Der Selbsthilfeverkauf muss grundsätzlich *zu den gleichen Bedingungen* (z. B. Zahlungs- und Lieferungsmodalitäten) abgeschlossen werden wie das Geschäft, an dessen Stelle er treten soll. Vereinbart der Verkäufer mit dem Zweitkäufer *günstigere* Bedingungen, so ist dem säumigen Erstkäufer ein entsprechender Abzug am geschuldeten Schadenersatz zuzubilligen. Umgekehrt kann der Verkäufer dem Käufer den Schaden anlasten, der ihm aus dem unvermeidbaren Abschluss eines Selbsthilfeverkaufs zu *ungünstigeren* Bedingungen erwuchs.

g) Vertragsabschluss

Zur Annahme eines Selbsthilfeverkaufs gemäss Art. 215 I genügt es, wenn der Verkäufer mit einem Dritten einen Vertrag über den Verkauf der zurückbehaltenen Sache *abgeschlossen* hat. Nicht notwendig ist, dass der neue Käufer seine Zahlungspflichten tatsächlich einhält. Bleibt auch dieser Vertrag unerfüllt, muss der zweite und – mangels adäquater Verursachung – nicht der erste Käufer für den hieraus resultierenden Schaden aufkommen (richtig BGE *42* III 169).

4. Schadenberechnung auf Grund eines Art. 215 nicht entsprechenden Selbsthilfeverkaufs

Unter Umständen genügt der Verkauf an einen neuen Käufer den Voraussetzungen von Art. 215 I nicht, etwa wegen eines Verstosses gegen Treu und Glauben oder infolge allzulangen Zuwartens. Obschon dann kein Selbsthilfeverkauf vorliegt, welcher der Schadenberechnung zugrunde gelegt werden könnte, liefert das Geschäft dennoch einen wichtigen Anhaltspunkt für die Ermittlung des Schadens nach den allgemeinen Grundsätzen. Man darf m.a.W. in einem solchen Fall den Schaden zwar nicht nach der Differenz zwischen dem Erstverkaufpreis und dem Zweitverkaufpreis berechnen, aber diese Differenz dient immerhin als Grundlage der Schadenberechnung.
Wenn der Wert der Sache seit dem Abschluss des ursprünglichen, vom Käufer nicht erfüllten Vertrags gestiegen ist, tritt womöglich die Situation ein, dass der Verkäufer im Zeitpunkt der Ausübung des Wahlrechts nicht nur keinen Schaden erleidet, sondern aus dem Selbsthilfeverkauf sogar Gewinn ziehen kann. Dann hat er natürlich keine Schadenersatzansprüche (BGE *65* II 171), muss aber ebenso selbstverständlich den erzielten Gewinn auch nicht dem vertragsbrüchigen Käufer abliefern.

II. Schadenberechnung mittels abstrakter Vorteilsanrechnung

1. Grundsatz

Bei Waren mit einem Markt- oder Börsenpreis kann der Verkäufer, *ohne einen Selbsthilfeverkauf effektiv zu tätigen,* die Differenz zwischen dem Vertragspreis und dem Markt- oder Börsenpreis zur Erfüllungszeit als

Schadenersatz verlangen (abstrakte Schadenberechnung bzw. Vorteilsanrechnung gemäss Art. 215 II).

2. Anwendungsbereich

54   Bei Vorliegen eines Markt- oder Börsenpreises darf der Verkäufer den Schaden immer abstrakt berechnen, somit auch dann, wenn er Gelegenheit gehabt hätte, einen Selbsthilfeverkauf zu für ihn günstigeren Bedingungen abzuschliessen (analog OSER/SCHÖNENBERGER, Art. 191 N 15; LEMP 194), oder falls eine individualisierte Kaufsache Gegenstand des Kaufvertrags bildet (a. M. offenbar SJZ *53* 1957 326 ff). Art. 215 II will ja gerade dem Verkäufer von Waren mit einem Markt- oder Börsenpreis die abstrakte Schadenberechnung unabhängig von allfälligen konkreten Vertragsabschlüssen oder Möglichkeiten dazu erlauben.

55 Die abstrakte Vorteilsanrechnung ist nicht nur im kaufmännischen, sondern *auch im bürgerlichen Verkehr zulässig* (gl. M. LEMP 192; GÖSCHKE 86). Für die abstrakte Berechnung des Wertes der Leistung des Verkäufers spielt es nämlich keine Rolle, ob Wiederverkauf der Sache beabsichtigt war (vorn N 23 ff), d. h. kaufmännischer Verkehr vorliegt oder nicht. Verkauft beispielsweise ein Briefmarkensammler eine Doublette mit einem Marktwert von 100 zum Preise von 150, erwächst ihm bei Nichterfüllung seitens des Käufers jedenfalls ein Schaden von 50; gleichgültig, ob er die Marke zum Wiederverkauf erworben hat.

3. Voraussetzung: «Markt- oder Börsenpreis»

56   *Voraussetzung* für die abstrakte Schadenberechnung bzw. Vorteilsanrechnung nach Art. 215 II bildet das *Bestehen eines Markt- oder Börsenpreises* (auf dem *Verkaufsmarkt:* Bei abstrakter Vorteilsanrechnung ersetzt der Markt- oder Börsenpreis den Selbsthilfeverkauf!). Als Marktpreis gilt derjenige Preis, «der infolge regelmässiger Geschäftsabschlüsse für eine Ware bestimmter Gattung und Art an einem bestimmten Handelsplatz zu bestimmter Zeit erzielt wird» (BGE *49* II 84). Es ist somit erforderlich, dass der Preis unter dem Druck der Konkurrenz im Spiel vom *Angebot und Nachfrage* zustande kommt. Beim Fehlen eines auf Kursnotierungen beruhenden Marktpreises kann der sogenannte *«Verkäuflichkeitspreis»* dessen Funktion übernehmen. Ein Nachweis tatsächlich getätigter Verkäufe erübrigt sich hier (dazu analog Art. 191 N 44 und dort zit. Judikatur); denn wurden zur betreffenden Zeit nur

deshalb keine Verkaufsgeschäfte abgeschlossen, weil gerade kein Bedarf vorhanden war, so hat für marktgängige Ware dennoch ein Marktpreis bestanden. Er ergibt sich aus dem Vergleich der letzten Verkäufe mit späteren.

Ein Marktpreis wäre hingegen zu verneinen, wenn zwar gelegentliche Kaufabschlüsse zu verzeichnen sind, aber jeweils zu Preisen, die von besonderen Umständen in der Person des Käufers oder Verkäufers abhängen (BGE 78 II 435). Keinen Marktpreis besitzen daher im allgemeinen *Kunstgegenstände*, z.B. chinesische Rollbilder (BGE *89* II 220f). 57

Beim Börsenpreis handelt es sich um den durch Angebot und Nachfrage an Wertpapier- und Effektenbörsen bestimmten Preis von Wertpapieren (BGE *53* II 305ff) und Waren (BGE *49* II 28ff). 58

Massgebend ist laut Art. 215 II grundsätzlich der Markt- oder Börsenpreis zur *Erfüllungszeit* bzw. am nächsten Markt- oder Börsentag. Geht aber der Verkäufer gemäss Art. 107 vor (Nachfristansetzung), dann entscheidet der Markt- oder Börsenpreis im Zeitpunkt der Ausübung des Wahlrechts (BGE *48* II 106; LEMP 193). 59

Zu berücksichtigen ist der Markt- oder Börsenpreis am *Ablieferungsort* bzw. an dem diesem nächstgelegenen Marktort. 60

Für die Vorteilsanrechnung kann nur dann unbesehen auf die Differenz zwischen Vertragspreis und Markt- oder Börsenpreis abgestellt werden, wenn beide Preise unter denselben *Lieferungs- und Zahlungsbedingungen* zustande gekommen sind. Andernfalls wären etwa Abweichungen von der in Art. 188 formulierten Kostenverteilungsregel zu beachten. 61

4. Gegenbeweis

Gegenüber der abstrakten Vorteilsanrechnung i.S.v. Art. 215 II steht dem Käufer der *Gegenbeweis* offen, dass dem Verkäufer effektiv, d.h. konkret, durch die Nichterfüllung des Vertrags ein grösserer Vorteil erwachsen ist (gl. M. LEMP 196). 62

III. Abstrakte Berechnung des entgangenen Gewinns

Der infolge Nichterfüllung des Vertrags entgangene Gewinn lässt sich auch abstrakt berechnen, und zwar so, dass dem vereinbarten Vertragspreis der Markt- oder Börsenpreis, zu welchem der Verkäufer die Sache hätte erwerben können (Preis auf dem Ankaufsmarkt), entgegengesetzt wird. 63

Diese Schadenberechnungsart muss erlaubt sein, weil Art. 215 nicht zwischen Markt- und Börsenpreis auf dem Ankaufs- und Verkaufsmarkt unterscheidet (gl. M. LEMP 195).

64 Allerdings gilt die erwähnte Schadenberechnungsmethode nur im Bereich des *kaufmännischen Verkehrs*. Die abstrakte Berechnung des entgangenen Gewinns (ohne Prüfung, ob der Verkäufer die dem Käufer offerierte Sache überhaupt besitzt) erscheint nämlich als statthaft auf Grund der zusätzlichen (vgl. die vorherige Note) Erwägung, dass der Verkäufer einen ständigen Umsatz dieser Ware verzeichnet und sie jederzeit zum Marktpreis beschaffen kann – eine lediglich im kaufmännischen Verkehr anzutreffende Situation.

65 Zum Begriff des Markt- oder Börsenpreises bzw. Käuflichkeitspreises vgl. analog vorn N 56 sowie ZR *36* 1937 Nr. 190 (Autohandel); BGE *65* II 171 ff (Bitumen) und Semjud *87* 1965 182 f (polnische Champignons).

66 Sofern die Voraussetzungen von Art. 215 II erfüllt sind, hat der Verkäufer im kaufmännischen Verkehr *stets* das Recht, den entgangenen Gewinn *abstrakt* zu berechnen (auch wenn eine individualisierte Kaufsache Gegenstand des Kaufvertrags bildet; a. M. offenbar SJZ *53* 1957 326 ff). Dem Käufer ist die Einrede verwehrt, der Verkäufer hätte den Schaden durch einen Selbsthilfeverkauf verringern können (analog vorn N 54). Die abstrakte Berechnungsweise nach Art. 215 II will ja gerade die Bezugnahme auf die konkreten Umstände ausschalten.

67 Massgebend ist der Markt- oder Börsenpreis (bzw. Käuflichkeitspreis) im *vertraglich vereinbarten Erfüllungszeitpunkt bzw.* – bei Nachfristansetzung – im *Zeitpunkt des Verzichts auf die nachträgliche Leistung* des Käufers. Weist dieser jedoch nach, dass der Verkäufer die bei Vertragsabschluss noch zu beschaffende Ware im Falle richtiger Erfüllung des Vertrags zu einem höheren Marktpreis gekauft hätte als zur Zeit des Verzichts auf Erfüllung, dann kann er eine entsprechende Reduktion des Schadenersatzes beanspruchen.

68 Der Markt- oder Börsenpreis braucht *nicht unter denselben Vertragsbedingungen* zustande zu kommen, wie sie zwischen dem im Verzug befindlichen Käufer und dem Verkäufer vereinbart worden sind. Es muss ja auf den «Ankaufsmarkt» abgestellt werden; *der Ankauf erfolgt aber normalerweise zu anderen Bedingungen als der Weiterverkauf*. Den Ausschlag gibt der Marktpreis, welchen der Verkäufer bei den in seinem Geschäft üblichen Zahlungs- und sonstigen Vertragsbedingungen hätte aushandeln können.

69 Dem Käufer steht der *Beweis* offen, dass dem Verkäufer effektiv *ein geringerer Schaden* erwachsen ist, als aus der abstrakten Berechnung des entgangenen Gewinns resultiert. Vgl. dazu auch vorn Art. 191 N 59.

Sachregister

Zahlen ohne vorangestellten Zusatz verweisen auf die Artikel.
N = Randnote
Vergleiche auch die der Kommentierung jedes Gesetzesartikels vorangehende Inhaltsübersicht.

Ablieferung
- als Beginn der Untersuchungsfrist 201 N 33
- als Verjährungsbeginn 210 N 36
- Unterschied zur Übergabe 184 N 39

Ablieferungsort
- als Erfüllungsort 189 N 11
- als Prüfungsort der Kaufsache 201 N 23 ff
- beim Distanzkauf 184 N 44, 189 N 8
- ohne Vertretung des Verkäufers 204 N 8 ff

Abtretung
- Abgrenzung zwischen Forderungskauf und Forderungsabtretung 187 N 29 ff
- als Rechtsverschaffung einer Forderung 184 N 143
- der Kaufpreisforderung
- – an einen Dritten 195 N 13
- – und Verzug des Käufers 214 N 72
- – und Wandelung 208 N 29

Abnahme
- als Vorbereitungshandlung der Aufbewahrung des Kaufgegenstandes 204 N 16
- Begriff und Unterschied zur Annahme 197 N 95
- der Ware zur Versendung beim Distanzkauf 185 N 36 ff
- Kostentragung 188 N 10, 12, 20 ff
- Verweigerung 201 N 22, 100

Akkreditiv
184 N 188 ff, 189 N 41

Aktien
- Haftung für den wirtschaftlichen Wert 197 N 48, 86
- Verkauf von Aktien und Sachgewährleistungspflicht 197 N 87 ff

aliud
- Abgrenzung zum Qualitätsmangel VB 197–210 N 44 ff, 48
- Nachlieferung 206 N 9
- Nichtanwendbarkeit der kurzen Verjährungsfrist 210 N 25
- Rechtsfolgen bei Falschlieferung VB 197–210 42 ff

Alkoholische Getränke s. geistige Getränke

Alleinverkaufsvertrag
- Einrede des nicht erfüllten Vertrages 184 N 193

Alleinvertretungsvertrag
- Einrede des nicht erfüllten Vertrages 184 N 193

Allgemeine Geschäftsbedingungen
- Ausschluss der Rechtsgewährleistung 192 N 69
- bei der Transportkostenregelung 189 N 55
- Entkräftung der Fixgeschäftsvermutung 190 N 30

animus dominii transferendi et accipiendi
184 N 12

Annahme
- als Erfüllung 197 N 93, 211 N 20
- als Haupt- oder Nebenpflicht 211 N 25
- als Obliegenheit 211 N 21 ff
- Annahmepflicht des Käufers 211 N 8 ff, 46 ff
- Unterschied zur
- – Abnahme 197 N 94, 95
- – Empfangnahme 211 N 10 ff

Annahmeverweigerung
- des Käufers 211 N 23, 66 ff

Annahmeverzug
- des Käufers beim Widerruf einer Versandorder 189 N 23

Anpreisung
- Abgrenzung zur Zusicherung von Eigenschaften 197 N 15 ff

Antiquitäten
- Ausfuhrverbot als Rechtsmangel 197 N 64
- Beizug von Experten 201 N 47
- und Kunsthandel, Gerichtspraxis
- – zum Mangel 197 N 82
- – zur Zusicherung von Eigenschaften 197 N 45
- und vorausgesetzter Gebrauch 197 N 74

Anzeige s. Mängelrüge

Arglist
- Begriff 199 N 27 ff

Aufbewahrung
- einstweilige des Kaufgegenstandes beim Distanzkauf 204 N 12 ff

Aufklärungspflichten s. Offenbarungspflichten

Auflösung des Vertrages
- bei vollständiger Entwehrung der Kaufsache durch besser berechtigten Dritten 195 N 5
- richterliche Vertragsauflösung bei teilweiser Entwehrung 196 N 12

Aufrechterhaltung des Vertrages
- und Verzicht
- - des Käufers auf nachträgliche Erfüllung 191 N 13 ff, 22
- - des Verkäufers auf schuldnerische Leistung 214 N 42

Auftrag
- Anwendbarkeit der Auftragsnormen bei der Versendungspflicht des Verkäufers im Distanzkauf 189 N 20 ff

Ausfallmuster
- Kauf nach Muster, Wegfall der Sachgewährleistung 200 N 21
- zur Information über die Qualität 201 N 58

Auskunftspflichten s. Offenbarungspflichten

Ausscheidung der Ware
- beim Gattungskauf
- - als Mitwirkungspflicht 184 N 57
- - Anzeige 184 N 53
- beim Genuskauf 185 N 27 ff
- Verzicht der Ausscheidung beim Sammeltransport 185 N 45

Ausscheidungstheorie
185 N 30

Ausschluss
- der Sachgewährleistungspflicht bei
- - Kenntnis des Käufers von den Sachmängeln 200 N 6 ff
- - schuldhafter Unkenntnis des Käufers von den Sachmängeln 200 N 11 ff

Austauschtheorie
- Begriff und Anwendung 191 N 17 ff, 215 N 20 ff
- Schadenberechnung bei Verzug des Käufers 214 N 61

Autogewerbe
- Gerichtspraxis
- - zum Mangel 197 N 81
- - zur Zusicherung von Eigenschaften 197 N 44

Barkauf
- Begriff 184 N 183
- Sachlieferung bei Rücktritt des Verkäufers 214 N 66
- Wahlrecht des Verkäufers bei Verzug des Käufers 214 N 19 ff, 42 ff

Baurechte
187 N 13

Beanstandung des Kaufobjektes
204 N 10

Bedingungen
- Bedingungsfeindlichkeit der Besitzverschaffung 184 N 37
- bei der Eigentumsverschaffung 184 N 94 ff

Befreiungspflichten
184 N 128 ff

Befristeter Kauf s. Kauf

Berechnung der Minderung
205 N 17 ff

Bergwerke
187 N 15

Beschaffungspflichten
- zur Besitzverschaffung 184 N 56
- zur Eigentumsverschaffung 184 N 123 ff

Besitz
- bösgläubiger nach der Wandelung 208 N 16
- Pflicht des Verkäufers zur Verschaffung unmittelbaren Besitzes 184 N 35
- selbständiger (mittelbarer) Besitz des Verkäufers 184 N 74
- unselbständiger (unmittelbarer) Besitz des Käufers 184 N 74

Besitzanweisung
184 N 62, 192 N 40

Besitzesrechtsschutz
- für Verkäufer von Immobilien und Fahrnis 184 N 75

Besitzesschutz
- des selbständigen Besitzers 184 N 74

Besitzübertragung
- allgemein 184 N 34 ff, 59
- bei Fahrnis 184 N 60
- bei Grundstücken 184 N 60, 140
- durch rechtsgeschäftliche Erklärung 184 N 62
- durch Warenpapier 184 N 63
- von unkörperlichen Sachen 184 N 64

Besitzverschaffung
- durch Übertragung der tatsächlichen Gewalt 184 N 17

Sachregister

Besitzverschaffung (Fortsetzung)
- Erfüllung der Pflicht zur Besitzverschaffung 184 N 42 ff
- Verzicht auf Besitzverschaffung 184 N 41

Besitzverschaffungspflicht des Verkäufers 184 N 16 ff
- als Korrelat zur Empfangnahme des Käufers 211 N 15 ff, 26, 41
- Verhältnis zur Eigentumsverschaffungspflicht 184 N 150

Bestandteile
- als künftige bewegliche Sachen 187 N 18 ff
- Umfang der Besitzverschaffungspflicht 184 N 30
- Verpackung als Bestandteil 212 N 21

Bestimmbarkeit
- des Kaufgegenstandes 184 N 233 ff
- des Kaufpreises 184 N 236
- des Zahlungsmodus 184 N 237 ff
- Grundsätzliches 184 N 222 ff, 212 N 4

Bestimmungsort
- als Erfüllungsort 189 N 11
- als Prüfungsort der Kaufsache 201 N 29, 31, 32
- beim Distanzkauf 184 N 44, 189 N 8, 11, 16, 20, 26

Beurkundung
- Kostentragung 188 N 23 ff

Beweislast
- bei der absichtlichen Täuschung 199 N 51, 200 N 29
- bei der Sachgewährleistung 197 N 92 ff
- des Käufers für Mängel der Kaufsache
- – bei Annahme 211 N 75 ff
- – bei Empfangnahme 211 N 77 ff
- des Verkäufers für Vertragsmässigkeit der Lieferung 211 N 74
- für absichtliches Verschweigen des Rechtsmangels 192 N 76
- für Kenntnis der Sachmängel 200 N 29
- für Kenntnis des Rechtsmangels seitens des Käufers 192 N 55
- für Vorliegen eines geltendgemachten Rechtsmangels 193 N 6
- für Zusicherung 200 N 29
- geheime Mängel 201 N 80
- Mängelrüge, Rechtzeitigkeit 201 N 99
- Marktpreis 212 N 13
- Tatbestandsfeststellung beim Distanzkauf 204 N 22

Beweislast (Fortsetzung)
- Umkehr bei
- – Annahme als Erfüllung 211 N 20
- – Annahmeverweigerung 211 N 67
- Umkehrung der Beweislastverteilung bei Unterlassen der Streitverkündung im Falle von Entwehrung 193 N 18
- Verschiebung bei Vereinbarung einer einjährigen Garantie 210 N 55

Börsenpreis s. Markt- oder Börsenpreis

Bösgläubigkeit
- des Käufers nach der Wandelung bezüglich Besitz der Kaufsache 208 N 16
- des Käufers und Wegfall der Rechtsgewährleistungspflicht des Verkäufers 192 N 34

brevi manu traditio
184 N 62, 192 N 40

Bringschuld
184 N 44, 196; 189 N 16 ff, 19, 64

Bruttogewicht
- bestimmt Kaufpreis 212 N 34

Bundesrecht
- «Verliegenschaftung» von Rechten 187 N 13

Bürgschaft s. Nebenrechte

constitutum possessorium
184 N 62, 192 N 40, 44

damnum emergens
195 N 34; 208 N 35

Deckungskauf
191 N 14, 30 ff

deutsches Recht
- Eigentumsverschaffungsprinzip 192 N 14
- Gefahrübergang 185 N 24
- Gewährleistungswahlrecht 205 N 47
- Mängelrüge 201 N 8
- Nachbesserung 205 N 38
- Nachlieferung 206 N 7
- Verjährung der Sachgewährleistung 210 N 7
- Verzug des Käufers 214 N 11 ff
- Viehhandel 198 N 12
- Wandelung bei Beeinträchtigung der Kaufsache 207 N 8
- Wandelung und Minderung 205 N 10
- Wegfall der Sachgewährleistung 200 N 14

Dienstbarkeiten
- Kauf 187 N 23

Differenztheorie
- Begriff und Anwendung 191 N 17 ff; 215 N 20 ff

Differenztheorie (Fortsetzung)
- Schadenberechnung bei Verzug des Käufers 214 N 61

Distanzkauf
- Begriff und Bedeutung 189 N 7 ff
- besondere Pflichten des Käufers 189 N 41 ff
- besondere Pflichten des Verkäufers 189 N 20 ff
- Einrede des nicht erfüllten Vertrages 184 N 192
- Erfüllungsort 184 N 44
- Gefahrübertragung mit Abgabe der Ware zum Versand 185 N 36 ff
- Käuferpflichten bei Beanstandung:
- – einstweilige Aufbewahrung des Kaufgegenstandes 204 N 12 ff
- – Feststellung des Tatbestandes 204 N 21 ff
- – Notverkauf 204 N 29 ff
- Untersuchung des Kaufgegenstands am Ablieferungsort 201 N 25
- Vereinbarung eines bestimmten Versanddatums 190 N 25

Doppelkauf
184 N 162

Dreiphasentheorie
184 N 12

Dritter
- als Pfandgläubiger oder Zessionar der Kaufsache bei Verzug des Käufers 214 N 75
- echter Vertrag zugunsten eines Dritten und Verzug des Käufers 214 N 76
- übernimmt Kaufpreisschuld und gerät in Verzug 214 N 77

Effektenhandel
- Gerichtspraxis
- – zum Mangel 197 N 85
- – zur Zusicherung von Eigenschaften 197 N 48

Effektivgewicht
212 N 38

Eigenschaften
- vorausgesetzte, Fehlen 197 N 51 ff
- vorausgesetzte und zugesicherte, Abgrenzung 197 N 79 ff
- Vorspiegelung nicht bestehender Eigenschaften durch den Verkäufer 199 N 47 ff
- Wegbedingung der Gewährleistung für zugesicherte Eigenschaften 199 N 20
- zugesicherte
- – als Vertragsinhalt VB 197–210 N 15

Eigenschaften (Fortsetzung)
- – Begriff 197 N 34 ff
- – Fehlen 197 N 6 ff, 41 ff
- – Mängelrügepflicht 201 N 18
- zukünftige, fehlende Zusicherungsfähigkeit 197 N 39
- Zusicherung nicht bestehender Eigenschaften als absichtliche Täuschung 199 N 23, 26 ff
- Zusicherung wider besseres Wissen VB 197–210 N 68

Eigentum
- fiduziarisches 184 N 80
- verfügungsbeschränktes 184 N 102 ff

Eigentumsbeschränkungen
- öffentlich-rechtliche 192 N 63

Eigentumsübertragung
- allgemein 184 N 90 ff
- auflösend (resolutiv) bedingte 184 N 102 ff
- aufschiebend (suspensiv) bedingte 184 N 96 ff
- bei Fahrnis 184 N 137
- bei Grundstücken 184 N 138 ff
- resolutiv bedingte bei Einschreibung im Tagebuch 184 N 138
- von der Gegenleistung abhängige 184 N 101

Eigentumsverschaffung
- bei Fahrnis und Grundstücken 184 N 137 ff
- beim Rechtskauf 184 N 141 ff
- Beseitigung von Rechten Dritter an der Kaufsache 192 N 60
- Erfüllung der Pflicht 184 N 89 ff
- Kausalhaftung des Verkäufers infolge nicht bzw. nichtgehöriger Erfüllung der Eigentumsverschaffungspflicht bei Entwehrung der Kaufsache 195 N 8
- unter Vorbehalt besserer Drittberechtigungen 192 N 8
- Verhältnis Eigentumsverschaffungspflicht/Rechtsgewährleistungspflicht 192 N 6 ff
- Verzicht 184 N 108
- Wirkungen 184 N 144 ff

Eigentumsverschaffungspflicht des Verkäufers 184 N 77 ff
- als Korrelat zur Annahme des Käufers 211 N 15 ff, 47
- Verhältnis zur Besitzverschaffungspflicht 184 N 150

Eigentumsvorbehalt
- als Hauptanwendungsfall der aufschiebend bedingten Eigentumsübertragung 184 N 97 ff

Eigentumsvorbehalt (Fortsetzung)
- Befreiung der unter Eigentumsvorbehalt verkauften Sache von Rechten Dritter 184 N 129
- beim Kreditkauf 214 N 46
- Gefahrtragung bei Kauf unter Eigentumsvorbehalt 185 N 54

einfache Gesellschaft
- Anwendung der kaufrechtlichen
- - Rechtsgewährleistungsnormen 192 N 37
- - Sachgewährleistungsnormen VB 197–210 N 8
- - Untersuchungs- und Mängelrügepflicht 201 N 10
- Streitverkündung 193 N 7

Einrede
- der Sachgewährleistungsansprüche 210 N 64 ff
- der Verrechnung 210 N 68 ff
- der verspäteten Mängelrüge 201 N 106 ff
- des Käufers wegen vorhandener Mängel 210 N 11
- des nicht erfüllten Vertrages
- - allgemein 184 N 189 ff
- - beim Alleinvertretungs- und Alleinverkaufsvertrag 184 N 193
- - beim Distanzkauf 184 N 192
- - beim Sukzessivlieferungsvertrag 184 N 191

Empfangnahme
- Begriff und Rechtsnatur 211 N 26 ff
- des Käufers als Korrelat der Besitzverschaffungspflicht des Verkäufers 211 N 10 ff
- Verweigerung
- - bei Mängeln 211 N 42
- - Rechtsfolgen 211 N 60 ff

Entwehrung
- des Kaufgegenstandes 192 N 60 ff
- Entwehrungsprozess s. Eviktionsprozess
- Konkurrenz zwischen den Rechtsfolgen der
- - teilweisen Entwehrung und dem Verzug 196 N 16
- - teilweisen Entwehrung und der nichtgehörigen Erfüllung 196 N 15
- - teilweisen Entwehrung und Willensmängeln 196 N 17
- Streitverkündung als Voraussetzung der Gewährleistungspflicht 193 N 6
- teilweise, Rechtsfolgen 196 N 5 ff
- Wirkung ohne Streitverkündung 193 N 17 ff
- Zeitpunkt der Entwehrung als Beginn der Verjährungsfrist 192 N 83

Erbteilung
- Anwendung der kaufrechtlichen Rechtsgewährleistungsnormen 192 N 37
- Anwendung der Viehwährschaft 198 N 19
- Streitverkündung 193 N 7
- Untersuchung und Mängelrüge 201 N 20

Erfüllung
- der Kaufpreiszahlung 184 N 174 ff
- gehörige
- - der Besitzverschaffungspflicht des Verkäufers 184 N 42 ff
- - der Eigentumsverschaffungspflicht des Verkäufers 184 N 89 ff
- Konkurrenz der Rechtsfolgen nichtgehörige Erfüllung/teilweise Entwehrung 196 N 15
- nachträgliche
- - bei Verzug des Käufers 214 N 51
- - bei Verzug des Verkäufers 190 N 39 ff; 191 N 12
- - durch Nachlieferung 206 N 13
- nichtgehörige
- - Konkurrenz zum andern Rechtsbehelf der Rechtsgewährleistung 192 N 9
- - mit Sachgewährleistungspflicht VB 197–210 N 13 ff
- - seitens des Verkäufers bei Entwehrung der Kaufsache 195 N 8
- - Verhältnis zum Viehwährschaftsrecht 198 N 28
- - Verhältnis zur Sachgewährleistung VB 197–210 N 20 ff
- persönliche der
- - Besitzverschaffungspflicht 184 N 47
- - Kaufpreiszahlung 184 N 179 ff
- - Rechtsverschaffung 184 N 110
- Schadenberechnung bei Verzicht des Käufers auf nachträgliche Erfüllung 191 N 13 ff
- Wirkung der Wegbedingung der Gewährleistung auf die Haftung wegen nichtgehöriger Erfüllung 199 N 24

Erfüllungsinteresse s. Vertragsinteresse, positives

Erfüllungsort
- bei Berechnung des Marktpreises massgebend 212 N 14
- bei Bringschuld 189 N 16
- bei der Zug-um-Zug-Leistung 184 N 185
- bei Francoklausel 189 N 60
- beim Distanzkauf 184 N 44; 189 N 7 ff
- für die Kaufpreiszahlung 184 N 196 ff

Erfüllungsort (Fortsetzung)
- für die Übergabe des Kaufgegenstandes 184 N 43 ff
- massgeblich für die Wertbestimmung bei der Minderung 205 N 27
- Rückgabe der Kaufsache bei Wandelung 208 N 10
- Verlegung durch die Locoklausel 185 N 83; 189 N 64

Erfüllungszeit
- bei Markt- oder Börsenpreis der Ware massgeblich für Schadenberechnung 191 N 48
- Vereinbarungen über Erfüllungszeit als «bestimmte Lieferungstermine» 190 N 22 ff

Erklärungsirrtum
- Verhältnis zur Sachgewährleistung VB 197–210 N 59 ff

Ersatzware s. Ware

Erträgnis
- als typisches Pachtobjekt 187 N 39, 40
- Erträgnisse des Kaufgegenstandes 213 N 9 ff

Eviktionsprinzip
- im Römischen Recht 192 N 12, 60, 62
- im Zürcherischen Privatrechtlichen Gesetzbuch 192 N 13
- nach Vertragsabschluss entstehende Eviktionsgründe 192 N 43
- Rechtsfolgen 192 N 8

Eviktionsprozess
193 N 5 ff

exceptio rei venditae et traditae
184 N 76

Exkulpationsbeweis
- bei der Austauschtheorie 191 N 20
- für den Käufer 215 N 12
- für den Verkäufer 190 N 36; 191 N 8 ff
- – bei Lieferung fehlerhafter Ware 208 N 34, 44
- – bei teilweiser Entwehrung 196 N 10, 13, 14
- – bei vollständiger Entwehrung 195 N 35

Fahrlässigkeit, grobe
- als Voraussetzung schuldhafter Unkenntnis des Käufers von den Sachmängeln 200 N 16 ff
- Ungültigkeit des Haftungsausschlusses für grobes Verschulden bei Vertragsabschluss 199 N 6

Fahrnis
- Besitzübertragung 184 N 60
- Eigentumsverschaffung 184 N 137

Fahrnisbauten
187 N 17

Fahrniseigentum
187 N 8

Fahrniskauf
- Abgrenzung zur Pacht und zu Verträgen zur Ausbeutung des Bodens 187 N 38 ff
- Grundsätzliches 187 N 5 ff
- Wirkung der Besitzübertragung 184 N 66

Fälligkeit der Schuld
214 N 31

Fernkauf s. Distanzkauf

Fixgeschäft
- Abgrenzung vom bestimmten Lieferungstermin 190 N 11 ff
- Begriff 190 N 11 ff
- Fiktion des Fixgeschäftes 190 N 28 ff
- Pränumerando- und Barkauf 214 N 30

Forderung
- Abgrenzung zwischen Forderungskauf und Forderungsabtretung 187 N 29 ff
- als mögliches Kaufvertragsobjekt 184 N 20
- Forderungen aus Kleinvertrieb geistiger Getränke 186 N 7 ff
- Haftung des Verkäufers für den Bestand zur Zeit der Abtretung 192 N 35
- Klagbarkeit 186 N 3
- Nebenrechte des Erwerbers einer Forderung 184 N 143

Forderungsabtretung
187 N 29 ff; 192 N 45; VB 197–210 N 9

Forderungskauf
- Abgrenzung zur Forderungsabtretung 187 N 29 ff
- als Fahrniskauf 187 N 23
- Anwendbarkeit der Gewährleistungsregeln VB 197–210 N 9 ff
- und Mängelrügepflicht 201 N 19
- Verjährungsfrist 210 N 35

Formularvertrag
- verschärfte Offenbarungspflicht 184 N 115

Frachtkosten
189 N 48

Frachtvertrag
189 N 34, 44

Francoklausel
185 N 84; 189 N 57 ff

Francolieferung
189 N 46, 189 N 57 ff

Sachregister

französisches Recht
- Besichtigung der Ware 201 N 9
- Gefahrübergang 185 N 24
- Handel mit Haustieren 198 N 13, 14
- Konsensprinzip und Rechtsgewährleistung 192 N 15 ff
- Nachbesserung 205 N 38
- Nachlieferung 206 N 8
- Verjährung der Sachgewährleistung 210 N 7
- Verzug des Käufers 214 N 9
- Wandelung bei Untergang der Kaufsache 207 N 8

Fremdwährung
184 N 157, 211, 212

Frist
- der Mängelrüge im Viehhandel 202 N 7
- Garantiefrist beim Viehhandel 202 N 16
- Garantiefristen bei Sachgewährleistung 210 N 51 ff
- Nachfrist 190 N 10, 28 ff; 206 N 18
- Rügefrist oder Anzeigefrist 201 N 75 ff
- Untersuchungsfrist 201 N 33 ff
- Verjährungsfrist s. Verjährung
- Wandelung und Minderung 205 N 70

Früchte
185 N 68; 187 N 39; 206 N 25; 213 N 9

Garantenpflicht
199 N 36 ff

Garantie
- Abgrenzung zwischen Zusicherung und Garantievertrag 197 N 20
- befristete beim Viehhandel 202 N 16
- bezüglich Sachgewährleistung 210 N 51 ff
- Fabrikgarantie 205 N 40; 210 N 60
- Garantieversprechen beim Viehhandel 198 N 22, 23
- Garantievertrag 210 N 59
- Trächtigkeitsgarantie und Mängelrüge 202 N 13 ff
- Transportgarantie 185 N 86
- vertragskonforme Beschaffenheit der Kaufsache 201 N 89
- Zusicherung von Eigenschaften als rechtsgeschäftliche Garantieübernahme 197 N 12 ff

Gattungskauf
- Abgrenzung aliud/Qualitätsmangel VB 197–210 N 44 ff
- Gefahrübergang mit Ausscheiden der Ware 185 N 27 ff

Gattungskauf (Fortsetzung)
- Mangel 197 N 53 ff
- Nachlieferungsanspruch des Käufers 206 N 4, 9 ff
- Nachlieferung bei teilweiser Entwehrung 196 N 11
- Rechtsfolgen bei der Sachgewährleistung VB 197–210 N 6
- Rechtsnatur VB 197–210 N 14 ff
- Sachgewährleistung
- – und nachträgliche Unmöglichkeit der Leistung VB 197–210 N 36 ff
- – und Verzug VB 197–210 N 33 ff
- zugesicherte Eigenschaften 197 N 7

Gattungsschuld
- Gefahrtragung 185 N 10
- nachträgliche Erfüllung 206 N 14

Gebrannte Wasser
186 N 9

Gebrauch
- der Kaufsache als Wandelungsverzicht 207 N 42
- der Ware zur Untersuchung 201 N 50
- Tauglichkeit zum gewöhnlichen Gebrauch 197 N 71
- vorausgesetzter der Kaufsache 197 N 70

Gefahr
- als Wegfall der Obhutspflicht bei Hinterlegung der verkauften Sache 185 N 79
- Bedeutung, Begriff und Inhalt 185 N 7
- der Entwehrung, Unkenntnis als Voraussetzung der Rechtsgewährleistung 192 N 46 ff
- Eintritt 185 N 61 ff
- rechtliche Schicksalsgemeinschaft von Gefahr und Nutzen 185 N 5
- Übergang der Gefahr bei der Francoklausel 189 N 61

Gefahrtragung
185 N 9 ff, 65 ff

Gefahrtragungsregel
- Ausschaltung 185 N 74 ff
- gesetzgeberisches Motiv 185 N 22 ff
- Grundsätzliches 185 N 13, 14 ff

Gefahrübergang
185 N 8, 26 ff; 205 N 27

Geistige Getränke
186 N 9

Geld
- als Leistung des Käufers 184 N 157
- individualisiertes 184 N 159 ff

Geldschulden
- Zahlung auf Grund von Parteivereinbarung oder in Landesmünzen 184 N 157

Genehmigung
- der Kaufsache und absichtliche Täuschung 203 N 4 ff
- durch Verfügen über die Kaufsache 201 N 55
- Genehmigungswirkung der versäumten bzw. nichtgehörigen Mängelrüge 201 N 100 ff
- Mängelrüge als Nichtgenehmigung 201 N 71

Genuskauf s. Gattungskauf

Gerichtspraxis
- zum Sachmangel 197 N 81 ff
- zum Wandelungsanspruch 205 N 54 ff
- zur Zusicherung von Eigenschaften 197 N 44 ff

Gesamteigentum
- als Gegenstand des Kaufvertrages 184 N 31

Gesamtsache s. Sachgesamtheit

Gestaltungsrecht
- Gläubigerwahlrecht bei Verzug des Käufers 214 N 50

Gewährleistung
- bei entgeltlicher Abtretung von Forderungen 187 N 31
- beim Forderungskauf 187 N 31
- Rechtskraft des Gewährleistungsurteils 205 N 71 ff
- Wahlrecht 205 N 7 ff, 45 ff

Gewicht
- Bruttogewicht 212 N 34
- Effektivgewicht 212 N 38
- Gutgewicht 212 N 36
- Kaufpreisbestimmung bei Kauf nach Gewicht 212 N 16 ff
- Nettogewicht 212 N 30 ff
- Originalgewicht 212 N 38
- Refaktie 212 N 37

Gewinn, entgangener
- abstrakte Berechnung bei Markt- oder Börsenpreis der Ware 191 N 52 ff, 215 N 63 ff
- als unmittelbarer Schaden 195 N 27
- bei Verzug des Käufers 214 N 61
- Unterscheidung zum damnum emergens 195 N 34

Gläubigerverzug
- bei Annahmeverweigerung des Käufers 211 N 23
- Verweigerung der Empfangnahme 211 N 33, 60 ff

Grundbucheintragung
- Abhängigkeit vom Bedingungseintritt 184 N 104
- als konstitutiver Faktor beim Eigentumserwerb 184 N 68
- zur Verschaffung von Eigentum 184 N 138

Grundlagenirrtum
- Konkurrenz zwischen den Rechtsbehelfen des Grundlagenirrtums und der Rechtsgewährleistung 192 N 11
- Nichtanwendbarkeit der kurzen Verjährungsfrist 210 N 26
- und Ausschluss der Wandelung 207 N 48
- Verhältnis
- – zum Viehwährschaftsrecht 198 N 30
- – zur Sachgewährleistung VB 197–210 N 61 ff
- Wirkung der Wegbedingung der Gewährleistung auf die einseitige Unverbindlichkeit des Vertrags wegen Grundlagenirrtums 199 N 25

Grundlasten
- Kauf 187 N 23

Grundstücke
- Besitzübertragung 184 N 60
- Gutglaubensschutz 192 N 32
- Miteigentumsanteile an Grundstücken 187 N 16
- Verschaffung des Eigentums an unbeweglichen Sachen 184 N 138 ff

Grundstückkauf
- Abgrenzung zum Fahrniskauf 187 N 4, 7
- Ausschaltung der Gefahrtragungsregel durch «besondere Verhältnisse» 185 N 77
- beim Verzug des Käufers 214 N 27
- Besitzübergang 184 N 68
- Bestimmung des Kaufpreises 184 N 171
- Formbedürftigkeit der Zusicherung 197 N 21, 22
- Form der Wegbedingung der Gewährleistung 199 N 19
- Kosten der Eintragung im Grundbuch 188 N 25
- mit bedingtem Eigentumsübergang 184 N 104
- Untersuchungsfrist 201 N 38
- Verjährungsfrist 210 N 33
- Verkauf von Mobilien und Immobilien als Sachgesamtheit 187 N 37

Gutgewicht
212 N 36

Gutglaubensschutz
- Begriff 192 N 33

Sachregister

Gutglaubensschutz (Fortsetzung)
– bei der Rechtsgewährleistung 192 N 32
– bei Veräusserung verfügungsbeschränkten Eigentums 184 N 103
Gutgläubigkeit
– des Käufers und Rechtsgewährleistung 192 N 31 ff

Haftungsausschluss
– bei Kenntnis des Käufers von den Sachmängeln 200 N 6 ff
– – bei arglistigem Verschweigen durch Verkäufer 200 N 10
– – bei Stellvertretung 200 N 9
– bei schuldhafter Unkenntnis des Käufers von den Sachmängeln 200 N 11 ff
– kein Haftungsausschluss bei
– – absichtlicher Täuschung 200 N 26
– – Zusicherung von Mängelfreiheit 200 N 24 ff
Handelskauf
– Begriff 190 N 15
– Schadenberechnung nach der Differenztheorie 191 N 19
Handelsverkehr
– allgemeinübliche Klauseln 185 N 82 ff, 87 ff; 189 N 64 frf
– als kaufmännischer Verkehr 190 N 17
– kaufmännischer, Pflicht zur Versendung der Ware 189 N 18
– Klauseln für Ausschluss oder Beschränkung der Gewährleistungspflicht 199 N 12 ff
Handkauf
184 N 184
Handwerker
190 N 19
Hauptsache
– Kaufgegenstand als Verbindung von Haupt- und Nebensache 209 N 5 ff
– Lieferung mit oder ohne Zugehör 184 N 30; 187 N 22
– rechtliches Schicksal der Bestandteile 187 N 18
Hinterlegung
– der verkauften Sache bei Gläubigerverzug 185 N 79; 211 N 62
Höchstpreisvorschriften
184 N 168
Hoffnungskauf
– grundsätzlich 184 N 27
– Haftungsausschluss 192 N 69

höhere Gewalt
185 N 7
Holschuld
184 N 43; 189 N 8, 19

Immaterialgüterrecht
– an der Kaufsache, Geltendmachung durch Dritten 192 N 6
– Gewährleistungspflicht des Verkäufers bei Veräusserung 192 N 35
– Mängel eines verkauften Immaterialgüterrechts und Rechtsgewährleistung 192 N 24 ff
Immobilienhandel
– Gerichtspraxis
– – zum Mangel 197 N 83
– – zur Zusicherung von Eigenschaften 197 N 46
Incoterms
185 N 87 ff; 189 N 65 ff
Individualisierungstheorie
185 N 30
Inkassomandat
189 N 44
Internationales Privatrecht
– besondere Verkäuferpflichten beim Distanzkauf 189 N 70 ff
– Gefahrübergang 185 N 25
– Untersuchungsmodalitäten 201 N 108; 204 N 39
italienisches Recht
– Gefahrübergang 185 N 24
– Konsensprinzip und Rechtsgewährleistung 192 N 17
– Mängelrüge 201 N 10
– Tierhandel 198 N 15
– Verjährung der Sachgewährleistung 210 N 7
– Verzug des Käufers 214 N 10
– Wahlrecht der Gewährleistung 205 N 47
– Wandelung bei Beeinträchtigung der Kaufsache 207 N 8

kantonales Recht
– als Grundlage der «Verliegenschaftung» 187 N 14
– Vorbehalt kantonalen Rechts bei der Klagbarkeit von Forderungen aus dem Kleinvertrieb geistiger Getränke 186 N 3 ff
kantonale Wirtschaftsgesetze
– und Ausschluss oder Beschränkung der Klagbarkeit von Forderungen aus dem Kleinvertrieb alkoholischer Getränke 186 N 22

Kauf
- Abgrenzung zum Tausch 184 N 161
- als Verpflichtungsgeschäft 184 N 11
- auf Abruf 214 N 28
- auf Probe oder Besicht 185 N 51 ff
- Barkauf 184 N 183; 214 N 19 ff, 42 ff, 66
- befristeter 185 N 59 ff
- Deckungskauf 191 N 14, 30 ff
- der eigenen Sache 184 N 29
- Distanzkauf s. Distanzkauf
- Doppelkauf 184 N 162
- einer erhofften Sache 184 N 27
- einer im Eigentumsvorbehalts-Register eingetragenen Kaufsache 184 N 83
- Fahrniskauf 184 N 66; 187 N 5 ff, 38 ff
- Forderungskauf 187 N 23, 29 ff; VB 197–210 N 9 ff; 201 N 19; 210 N 35
- Gattungskauf s. Gattungskauf
- Grundstückkauf s. Grundstückkauf
- Handelskauf 190 N 15; 191 N 19
- Handkauf 184 N 184
- Hoffnungskauf 184 N 27; 192 N 69
- in Wertpapieren verbriefter Rechte 187 N 23
- Kreditkauf 214 N 37 ff
- künftiger beweglicher Sachen 187 N 19
- Lieferungskauf 184 N 28
- Mischkauf 187 N 33 ff
- nach Gewicht 212 N 16 ff
- nach Muster 197 N 50; 200 N 21
- ohne Nennung des Preises 212 N 5 ff
- Platzkauf 185 N 31; 188 N 4; 189 N 16; 206 N 19
- Pränumerandokauf 184 N 183; 214 N 19 ff, 42 ff, 66
- Rechtskauf 184 N 141 ff; 187 N 23, 25 ff
- Rechtsnatur des Kaufs 184 N 6
- resolutiv bedingter 185 N 56 ff
- Stückkauf s. Stückkauf
- suspensiv bedingter 185 N 46 ff
- unter Eigentumsvorbehalt 185 N 54 ff
- von Dienstbarkeiten, Grundlasten und Pfandrechten 187 N 23
- von Patentrechten 187 N 23
- zum Wiederverkauf 190 N 15

Kaufabschluss
184 N 8

Käufer
- als unselbständiger Besitzer 184 N 74
- besondere Pflichten bei Beanstandung 204 N 4 ff

Käufer (Fortsetzung)
- – einstweilige Aufbewahrung des Kaufgegenstandes 204 N 12 ff
- – – Feststellung des Tatbestandes 204 N 21 ff
- – – Notverkauf 204 N 29 ff
- Forderung nachträglicher Erfüllung sowie von Schadenersatz wegen Verspätung 190 N 39 ff
- Gewährleistungswahlrecht 205 N 7 ff, 45 ff
- Gutgläubigkeit bei der Rechtsgewährleistung 192 N 31 ff
- Kenntnis
- – des Rechtsmangels an der Kaufsache 192 N 50 ff
- – von den Sachmängeln 200 N 6 ff
- Kostentragung für Abnahme und Beurkundung 188 N 20 ff, 23 ff
- Leistungspflicht der Kaufpreiszahlung 184 N 155 ff
- Nachbesserungsanspruch 205 N 33 ff
- Nachlieferungsanspruch 206 N 9 ff
- Nebenpflichten 184 N 198 ff
- Pflicht bei der Wandelung zur
- – Erstattung des Nutzens 208 N 18 ff
- – Rückgabe der Kaufsache 208 N 8 ff
- Pflicht der Herausgabe einer durch Drittanspruch belasteten Kaufsache; Nachweis 194 N 14 ff
- Rechtsstellung nach erfolgter
- – – Besitzverschaffung 184 N 76
- – – Eigentumsverschaffung 184 N 149
- – – Kaufpreiszahlung 184 N 219
- Rückgabepflicht bezügliche Verpackung 188 N 16
- Rücktritt vom Vertrag 190 N 32 ff; 191 N 25 ff
- Schadenersatzansprüche bei vollständiger Entwehrung 195 N 16 ff
- Schadenersatzpflicht bei Verzug 215 N 8 ff
- schuldhafte Unkenntnis von den Sachmängeln 200 N 11 ff
- Umgestaltung der Kaufsache 207 N 27, 42
- Verantwortlichkeit für rechtzeitiges
- – – Absenden der Mängelrüge 201 N 91
- – – Übermitteln durch Boten 201 N 93
- Verschulden für
- – – Untergang der Kaufsache 207 N 13 ff
- – – Verschlechterung oder Verminderung 207 N 22 ff, 26
- Verzicht auf Lieferung 190 N 36 ff
- Verzicht auf Wandelung 207 N 40 ff

Käufer (Fortsetzung)
- Verzugsfolgen 214 N 16 ff
- Wahlrecht bei Verzug des Verkäufers 190 N 32 ff
- Weiterveräusserung der Kaufsache 207 N 31 ff, 41

Kaufgegenstand s. auch Ware
- Ablieferung 184 N 39, 201 N 33; 210 N 36
- Abnahme s. Abnahme
- als Objekt des Kaufvertrags 184 N 18
- als Verbindung mehrerer Objekte 209 N 9
- als Verbindung von Haupt- und Nebensache 209 N 5 ff
- Annahme s. Annahme
- arglistige Vorspiegelung bestimmter Eigenschaften 199 N 26 ff
- Bestimmbarkeit 184 N 233 ff
- Entzug durch Dritten 192 N 5
- Erfüllungsort für die Übergabe 184 N 43 ff
- erheblicher Mangel 197 N 51 ff
- kein Genehmigungseffekt bei absichtlicher Täuschung 203 N 4 ff
- Kosten des Transports zum Erfüllungsort 188 N 19
- Lastenübergang 185 N 67
- mangelhafter, Recht zur Ablehnung VB 197–210 N 40, 41
- Mängelrüge 201 N 4, 61 ff
- Minderwert, Berechnungsmethoden 205 N 17 ff
- Pflicht zur Annahme 184 N 200
- Qualität als Vertragsinhalt VB 197–210 N 14, 16 ff
- qualitativ nichtgehöriger Zustand 197 N 6 ff
- Rückforderung beim Kreditkauf 214 N 43 ff
- Rückgabepflicht bei Wandelung 208 N 8 ff
- sofortige Prüfung durch den Käufer VB 197–210 N 27
- subjektive Rechte Dritter an der Kaufsache 192 N 6, 21, 31
- Tauglichkeit 197 N 71
- Untergang nach der Übergabe 192 N 79
- Untersuchung 188 N 20, 200 N 16, 201 N 21 ff
- Verkehrsfähigkeit 184 N 19
- Verwendungsersatz bei
- - teilweiser Entwehrung 196 N 7
- - vollständiger Entwehrung 195 N 16 ff
- - vorausgesetzter Gebrauch 197 N 70
- Wandelung bei
- - Mehrheit von Kaufsachen 209 N 5 ff

Kaufgegenstand (Fortsetzung)
- - Umgestaltung durch den Käufer 207 N 27 ff, N 42
- - Untergang 207 N 9 ff, 13 ff, 35 ff
- - Verschlechterung und Verminderung 207 N 12, 22 ff, 26, 39 ff
- - Weiterveräusserung durch den Käufer 207 N 31 ff, 41
- Wert als nicht zusicherungsfähige Eigenschaft 197 N 36 ff
- Wert der mangelfreien Kaufsache, Berechnung 205 N 23 ff
- zugesicherte Eigenschaft als Vertragsinhalt VB 197–210 N 15

Kaufleute
- Kaufmannseigenschaft und kaufmännischer Verkehr 190 N 15
- Kaufvertrag zwischen Kaufleuten, Vermutung kaufmännischen Verkehrs 190 N 18

kaufmännischer Verkehr
- abstrakte Berechnung des entgangenen Gewinns 191 N 52 ff; 215 N 64
- Anwendung der Austausch- und Differenztheorie 215 N 22 ff
- Begriff 190 N 15 ff
- Falschlieferung VB 197–210 N 50
- Obliegenheit sofortiger Mängelrüge VB 197–210 N 27; 201 N 7
- Schadenberechnung nach Differenztheorie 191 N 30 ff

Kaufmannseigenschaft s. Kaufleute
Kaufobjekt s. Kaufgegenstand
Kaufpreis
- Abtretung der Forderung an einen Dritten 195 N 13
- bei der gemischten Schenkung 184 N 166 ff
- Bemessung nach Wertsicherungsklauseln 184 N 177
- Bestimmbarkeit 184 N 236
- Bestimmung beim
- - Grundstückkauf 184 N 171
- - Kauf nach Gewicht 212 N 16 ff
- - Kauf ohne Nennung des Preises 212 N 5 ff
- fristgerechte Zahlung 184 N 181 ff
- Höhe 184 N 163 ff
- Rückgabe bei Wandelung 208 N 25 ff
- Rückerstattung bei vollständiger Entwehrung 195 N 9 ff
- Verzicht auf nachträgliche Zahlung 214 N 53 ff
- Verzinslichkeit 213 N 7 ff

Kaufpreiszahlung
- als Leistungspflicht des Käufers 184 N 155 ff; 211 N 7
- beim Distanzkauf 189 N 41
- Erfüllungsort 184 N 196 ff
- Übertragung der Erfüllung an Dritte 184 N 179
- Wirkungen 184 N 217

Kaufsache s. Kaufgegenstand

Kaufvertrag
- Auflösung bei
- – teilweiser Entwehrung 196 N 12
- – vollständiger Entwehrung 195 N 5
- Elemente 184 N 8
- über Sachgesamtheit 187 N 35

Kausalhaftung
- des Käufers bei bösgläubigem Besitz 208 N 16
- des Verkäufers
- – bei Lieferung fehlerhafter Ware im Falle der Wandelung 208 N 32 ff
- – bei vollständiger Entwehrung der Kaufsache durch Dritte für unmittelbare Schäden 195 N 6, 34
- – für Minderung, Nachlieferung und Nachbesserung 208 N 53 ff
- Sachgewährleistung als Kausalhaftung VB 197–210 N 7

Kenntnis
- des Sachmangels
- – beim Käufer 200 N 6 ff, 203 N 10
- – beim Verkäufer 199 N 34

Klagbarkeit von Forderungen
- aus dem Kleinvertrieb alkoholischer Getränke 186 N 3 ff

Klagerecht
- Untergang infolge Verjährung 210 N 64 ff

Klauseln
- des Handelsverkehrs 185 N 82 ff, 87 ff; 189 N 65 ff
- für Beschränkung oder Ausschluss der Gewährspflicht 199 N 12 ff
- Wertsicherungsklauseln 184 N 177

Kleinvertrieb geistiger Getränke 186 N 9 ff

Konkurs
- Eingabe im Konkurs als Unterbrechung der Verjährung 210 N 18
- Rücktrittsvorbehalt des Verkäufers bei Konkurs des Käufers 214 N 47

Konsensprinzip
184 N 8; 185 N 23; 192 N 15 ff

Konsumption
- des Gewährleistungswahlrechts 205 N 65 ff

Konzentration
- der Schuld des Veräusserers auf bestimmte Sache 185 N 27, 30

Kosten
- beim Notverkauf 204 N 35
- der Abnahme 188 N 20 ff
- – Untersuchung des Kaufgegenstandes als Abnahmehandlung 188 N 20
- der Aufbewahrung 204 N 18
- der Beurkundung 188 N 23 ff
- der Lagerung bis zur Erfüllungszeit 188 N 19
- der Mängeleruierung 208 N 43
- der Übergabe
- – Messen und Wägen 188 N 11 ff
- – Verpackung 188 N 13 ff; 212 N 33
- der Untersuchung 201 N 59 ff
- des Entwehrungsprozesses 193 N 19 ff; 29; 195 N 20; 196 N 6
- des Transports
- – bei Bringschuld 189 N 17
- – grundsätzlich 189 N 42 ff
- Frachtkosten 189 N 48
- für Transport des Kaufgegenstandes zum Erfüllungsort 188 N 19
- für Zoll beim Transport zum Erfüllungsort 188 N 19
- für Zölle, Steuern und Gebühren vom Erfüllungs- zum Bestimmungsort 189 N 49 ff
- Prozesskosten
- – Entwehrungsprozess s. o.
- – Sachgewährleistung 208 N 41 ff
- Rechtsnatur der Kostentragung 188 N 8
- Transportkostenklausel 185 N 83, 84
- Verladekosten 189 N 48
- Verpackungskosten für Versand 189 N 51 ff

Kreditkauf
- Begriff 184 N 183
- Sachlieferung bei Rücktritt des Verkäufers 214 N 66
- Wahlrecht des Verkäufers beim Verzug des Käufers 214 N 37 ff, 43 ff

Kunst- und Antiquitätenhandel
- Ausfuhrverbot als Rechtsmangel 197 N 64
- Beizug von Experten 201 N 47
- Gerichtspraxis
- – zum Mangel 197 N 72

Kunst- und Antiquitätenhandel (Fortsetzung)
- – zur Zusicherung von Eigenschaften 197 N 45
- vorausgesetzter Gebrauch bei Antiquitäten 197 N 74

Lasten
- Übergang der am Kaufgegenstand haftenden Lasten 185 N 67

Legaldefinition
- gesetzgeberischer Verzicht 184 N 5

Leistung
- an Zahlungsstatt 184 N 215
- Unerschwinglichkeit 206 N 14
- Unmöglickeit
- – anfängliche objektive 192 N 78
- – nachträgliche 185 N 13; 192 N 78; VB 197–210 N 36 ff
- zahlungshalber 184 N 214

Leistungsinhalt
- quantitativ und qualitativ richtiger (bei der Besitzverschaffungspflicht des Verkäufers) 184 N 42

Leistungspflicht
- des Käufers s. Käufer
- des Verkäufers s. Verkäufer
- sekundäre: Versendung der Kaufsache 189 N 1

Lieferung
- Franko- und zollfreie 189 N 62
- Verzicht des Käufers auf Lieferung 190 N 36 ff

Lieferungskauf
184 N 28

Lieferungstermin, bestimmter
- Abgrenzung zum Fixgeschäft 190 N 11 ff
- grundsätzlich 190 N 21 ff

Lieferungstheorie
185 N 30

Liegenschaften
- als Grundstücke im engern Sinn 187 N 10
- Prüfung der Vertragseinheit beim Verkauf mit Zubehör 187 N 33

Locoklausel
185 N 83; 189 N 64

lucrum cessans s. Gewinn, entgangener

Mahngeschäfte
214 N 31

Mahnung
214 N 31

Mängel s. auch Sachmangel
- Begriff 197 N 52 ff; 200 N 7 ff
- beim Gattungskauf 197 N 53 ff
- beim Stückkauf 197 N 57 ff
- geheime
- – Begriff 201 N 80
- – Rügefrist 201 N 80 ff
- – und Annahme der Ware 197 N 94, 96
- – und Genehmigung der Ware 201 N 83
- – Untersuchung 201 N 45
- Kenntnis beim Verkäufer 199 N 34
- Kenntnis des Käufers 200 N 6 ff; 203 N 10
- Präzision der Beschreibung 201 N 65 ff
- schuldhafte Unkenntnis des Käufers 200 N 11 ff
- Verschweigen des Mangels durch Verkäufer
- – trotz Offenbarungspflicht 199 N 35 ff
- – trotz Wissen um die Unkenntnis des Käufers 199 N 44
- Verweigerung der Empfangnahme 211 N 42
- Zusicherung der Mängelfreiheit kein Haftungsausschluss 200 N 24 ff

Mängeleruierung
- Kosten 208 N 43

Mängelfolgeschaden
208 N 35 ff

Mängelrüge
- Absender und Adressat 201 N 94 ff
- Form 201 N 73 ff
- Grundsätzliches 201 N 4 ff, 61 ff
- Rechtsfolgen unterbliebener oder nicht gehöriger Mängelrüge 201 N 100 ff
- rechtzeitige als Voraussetzung der Einrede der Sachgewährleistung 210 N 65 ff
- Unterlassen bei absichtlicher Täuschung 203 N 5 ff
- Unterlassung als Annahme als Erfüllung 197 N 93, 96

Markenartikel
- in Originalverpackung, Untersuchung 201 N 51 ff

Markt- oder Börsenpreis
184 N 169; 191 N 41 ff
- als Voraussetzung der abstrakten Schadensberechnung 215 N 53 ff
- Begriff des
- – Börsenpreises 191 N 47
- – Marktpreises 191 N 44
- Marktpreis als Faktor der Kaufpreisbestimmung 212 N 7 ff

Mehrfacher Verkauf s. Verkauf
Messen und Wägen
- als Mittel der Ausscheidung der Gattungsware 185 N 32
- als Mitwirkungspflicht des Verkäufers 184 N 57; 188 N 9
- Kostentragung 188 N 11 ff
Miete und Pacht
- Streitverkündung 193 N 7
Minderung
- Ausschluss 205 N 58 ff
- Begriff 205 N 16
- bei Annahmeverweigerung 204 N 10
- bei Untergang der Kaufsache durch Verschulden des Käufers 207 N 13
- Berechnung 205 N 17 ff
- des Preises bei Teilwandelung 209 N 13
- Kausalhaftung des Verkäufers 208 N 53 ff
- Klageänderung 205 N 69
- Klage und Verzicht auf Wandelung 205 N 67
- Umfang der Substantiierung der Mängelrüge 201 N 64
- Verjährung der Ansprüche aus vollzogener Minderung 210 N 31
Minderwert
- bei teilweiser Entwehrung der Kaufsache 196 N 9
- des Kaufgegenstandes, Berechnungsmethoden 205 N 17 ff
Mischkauf
187 N 33 ff
Miteigentum
- als Gegenstand des Kaufvertrages 184 N 32
Miteigentumsanteile an Grundstücken
187 N 16
Mitteilungspflichten s. Offenbarungspflichten
Mitwirkungspflicht
- zur Besitzverschaffung 184 N 57
- zur Eigentumsverschaffung

Nachbesserung
- grundsätzlich 205 N 33 ff
- Kausalhaftung des Verkäufers 208 N 53 ff
Nachfrist
- beim Kreditkauf 214 N 40 ff
- Entbehrlichkeit beim Verzug des Käufers 214 N 36
- Nachfristgeschäft 190 N 29, 41
- Wandelung des Kaufvertrags statt Nachlieferung 206 N 18

Nachlieferung
- bei teilbaren bzw. vertretbaren Sachen VB 197–210 N 51
- bei teilweiser Entwehrung des Kaufgegenstandes (Genussschuld) 196 N 11
- Kausalhaftung des Verkäufers 208 N 53 ff
- Nachlieferungsanspruch des Käufers 206 N 9 ff
- Nachlieferungsrecht des Verkäufers 206 N 19 ff
- vertragskonformer Ware 205 N 33
Nachnahme
- Verweigerung der Annahme 211 N 45
Naturalleistungen
- Berücksichtigung bei der Berechnung der Preisminderung 205 N 26
Naturalobligationen
186 N 7; 210 N 11, 64
Naturkräfte
- als Fahrnis 187 N 17
- Übertragbarkeit durch Kauf 184 N 22
Nebenpflichten
- Abgrenzung zu den Hauptpflichten 184 N 48
- Abgrenzung zu den Obliegenheiten 184 N 49
- des Käufers 184 N 198
- des Verkäufers
- - zur Besitzverschaffung 184 N 48 ff
- - zur Eigentumsverschaffung 184 N 112 ff
- Grundsätzliches 184 N 48 ff
- Nichtanwendbarkeit der kurzen Verjährungsfrist 210 N 24
- Versendung der Ware beim Distanzkauf 189 N 14, 20
- zur selbständigen Durchsetzbarkeit 184 N 151
Nebenrechte (Pfand, Bürgschaft)
- des Erwerbers einer Forderung 184 N 143
- fehlende Zusicherungsfähigkeit 197 N 40
- von Forderungen aus dem Kleinvertrieb geistiger Getränke 186 N 8
Nebensache
209 N 5 ff
Nettogewicht
- bestimmt Kaufpreis 212 N 30 ff
Nichterfüllung
- Schadenersatz 190 N 36
Notverkauf
- beim Distanzkauf 204 N 29 ff
- beim Gläubigerverzug 211 N 62
Nutzen
- Bedeutung, Begriff und Inhalt 185 N 21

Nutzen (Fortsetzung)
- der mangelhaften Ware 206 N 25
- Erstattung bei Wandelung 208 N 18 ff
- rechtliche Schicksalsgemeinschaft von Gefahr und Nutzen 185 N 5
- Übergang des Nutzens bei der Francoklausel 189 N 61
- vor Bedingungseintritt bezogener 185 N 50
- Wirkungen des Nutzenübergangs 185 N 68 ff

Obhutspflichten
- zur Besitzverschaffung 184 N 55
- zur Eigentumsverschaffung 184 N 121 ff
- Wegfall bei Hinterlegung der verkauften Sache 185 N 79

Obliegenheiten
- Abgrenzung zu den Nebenpflichten 184 N 49, 154
- Annahme 211 N 21 ff
- Deckungskauf als Obliegenheit 191 N 32
- des Käufers 184 N 205 ff
- Empfangnahme 211 N 29 ff
- Grundsätzliches 184 N 153 ff
- Mängelrüge 201 N 5
- Obliegenheitsverletzung der Unterlassung der Mängelrüge bei absichtlicher Täuschung 203 N 5 ff
- Pflicht zur Annahme der Kaufsache 184 N 200
- Substantiierung der Mängelrüge 201 N 62
- Tatbestandsfeststellung bei Beanstandung der Kaufsache 204 N 21 ff
- Untersuchung der Kaufsache 188 N 20; 200 N 16; 201 N 5
- Unterstützung des Käufers durch Verkäufer im Entwehrungsprozess 193 N 5, 11

Offenbarungspflicht
- Bekanntgabe eines Rechtsmangels 192 N 74
- des Verkäufers
- – zur Besitzverschaffung 184 N 52 ff
- – zur Eigentumsverschaffung 184 N 114 ff
- Entstehungsgründe 199 N 37, 42 ff
- kraft besonders enger Rechtsbeziehung 199 N 40
- kraft Gesetz 199 N 38
- kraft Vertrag 199 N 39
- kraft Verursachens einer Irreführungsgefahr 199 N 41
- Verletzung bei arglistigem Verschweigen von Sachmängeln VB 197–210 N 68

Offenbarungspflicht (Fortsetzung)
- Verschweigen des Mangels durch Verkäufer trotz Offenbarungspflicht 199 N 35 ff; 208 N 48

Originalgewicht
212 N 38

Ort
- Begriff des «anderen Ortes» 204 N 7
- der Ablieferung s. Ablieferungsort
- der Aufbewahrung 204 N 15
- der Tatbestandsfeststellung beim Distanzkauf 204 N 27
- in entsprechender Rubrik s. auch Bestimmungsort, Erfüllungsort, Versendungsort

österreichisches Recht
- Nachbesserung 205 N 38
- Nachlieferung 206 N 8
- Verjährung der Sachgewährleistung 210 N 7
- Wandelung bei Beeinträchtigung der Kaufsache 207 N 8
- Wandelung und Minderung 205 N 11

Pacht
- Abgrenzung zu Verträgen zur Ausbeutung des Bodens 187 N 38 ff
- und Miete, Streitverkündung 193 N 7

Patentrecht
- fremdes an der Kaufsache und Rechtsgewährleistung 192 N 23
- Kauf von Patentrechten 187 N 23
- Mängel eines verkauften Patentrechts, Anwendbarkeit der Normen über die Rechtsgewährleistung 192 N 24 ff

periculum est emptoris
185 N 22 ff

Pfand s. Nebenrechte

Pfandrechte
- Kauf von Pfandrechten 187 N 23

Platzkauf
- Bringschuld 189 N 16
- Gefahrübergang 185 N 31
- Nachlieferungsrecht des Verkäufers 206 N 19 ff
- Übergabe und Abnahmekosten 188 N 4 ff

Pränumerandokauf
- Begriff 184 N 183
- Sachlieferung bei Rücktritt des Verkäufers 214 N 66
- Verkäuferwahlrecht bei Verzug des Käufers 214 N 19 ff, 42 ff

Preis s. Kaufpreis
Preisklauseln
184 N 172 ff
Privatautonomie s. Vertragsfreiheit
Produktehaftpflicht
- Grundsätzliches VB 197–210 N 74, 75
- und Sachgewährleistung VB 197–210 N 74 ff
Prozesskosten
- beim Entwehrungsprozess
- - Abweisung des Drittansprechers 193 N 19 ff
- - Obsiegen des Drittansprechers 195 N 20; 196 N 6
- bei Sachgewährleistung 208 N 41 ff
Prüfung der Kaufsache s. Untersuchung

Qualität
- des Kaufgegenstandes als Vertragsinhalt VB 197–210 N 14, 16, 17, 18
- mittlere beim Gattungskauf 197 N 53
Qualitätsmangel
- Abgrenzung zum aliud VB 197–210 N 44 ff, 48 ff
- Abgrenzung zum Quantitätsfehler VB 197–210 N 51 ff
Quantitätsfehler oder -mangel
- Abgrenzung zum Qualitätsmangel VB 197–210 N 51 ff
- fehlende Zusicherungsfähigkeit 197 N 38
- keine Anwendbarkeit der Sachgewährleistungsnormen 197 N 67
- Nichtanwendbarkeit der kurzen Verjährungsfrist 210 N 25
Quasieviktion
192 N 66
Quellenrechte
187 N 13

Ratenverzug
- Kreditkauf 214 N 39
- Pränumerandokauf 214 N 35
Realoblation
- der Empfangnahme 211 N 41
Rechte
- Kauf von in Wertpapieren verbrieften Rechten 187 N 23
- Quellenrechte 187 N 13
- selbständige und dauernde 187 N 11
- subjektive an der Kaufsache, von Dritten 192 N 6, 21, 31, 63; 196 N 4
- Wasserrechte 187 N 13

Rechtsbesitz
184 N 64
Rechtsgesamtheiten
184 N 21
Rechtsgeschäft
- dingliches 184 N 12
- kaufvertraglicher Natur 184 N 6
rechtsgeschäftliche Erklärung
- Besitzübertragung durch 184 N 62
Rechtsgewährleistung
- Abgrenzung zur Sachgewährleistung 192 N 18 ff; VB 197–210 N 65
- alternative Konkurrenz zum Rechtsbehelf
- - der nichtgehörigen Erfüllung 192 N 9
- - des Schuldnerverzugs 192 N 10
- - von Grundlagenirrtum/Täuschung 192 N 11
- Begriff 192 N 5
- bei Anerkennung des Drittanspruches
- - durch Käufer in guten Treuen 194 N 11 ff
- - durch Schiedsgerichtsurteil 194 N 13
- bei Mängeln eines verkauften Immaterialgüterrechts 192 N 24 ff
- bei Untergang der Kaufsache nach Übergabe an den Käufer 192 N 79
- ohne Eviktionsurteil 194 N 22 ff
- sachlicher Anwendungsbereich 192 N 31 ff
- Voraussetzungen 192 N 38 ff
- Verhältnis Eigentumsverschaffungspflicht/Rechtsgewährleistungspflicht 192 N 6 ff
- Verjährung 192 N 82, 83; 194 N 18; 210 N 34
- vertragliche Aufhebung bzw. Beschränkung 192 N 68 ff
Rechtskauf
184 N 141 ff; 187 N 23, 25
Rechtskraft
- des Gewährleistungsurteils 205 N 71 ff
Rechtsmangel
- absichtliches Verschweigen 192 N 73 ff
- Begriff und Abgrenzung zum Sachmangel 192 N 18 ff, 23; 197 N 64 ff
- Kenntnis 192 N 48, 50 ff
- Vorliegen zur Zeit des Vertragsabschlusses 192 N 41 ff
Rechtsstellung
- des Käufers nach erfolgter
- - Besitzverschaffung 184 N 76
- - Eigentumsverschaffung 184 N 149
- - Kaufpreiszahlung 184 N 219
- des Verkäufers nach erfolgter

Rechtsstellung (Fortsetzung)
- – Besitzverschaffung 184 N 74
- – Eigentumsverschaffung 184 N 148
- – Kaufpreiszahlung 184 N 221

Refaktie
212 N 37

Registereintrag
- beim Eigentumsvorbehalt 184 N 98

Regress s. Rückgriff

Resolutivbedingung
- beim Eigentumsübergang 184 N 102 ff
- Gefahrtragung beim resolutivbedingten Kauf 185 N 56 ff

Retournierung s. Rücksendung

richterliche Vertragsauflösung
- bei teilweiser Entwehrung 196 N 12

richterliche Vertragsergänzung
- bestimmter vertraglicher Leistungen 184 N 239

Römisches Recht
- Eviktionsprinzip 192 N 12, 60, 62

Rückgabe
- der Kaufsache bei Wandelung 208 N 8 ff
- der mangelhaften Ware 206 N 25
- des Kaufpreises bei
- – vollständiger Entwehrung 195 N 9 ff
- – Wandelung 208 N 25 ff
- Rückgabepflicht des Käufers bezüglich Verpackung 188 N 16

Rückgriff
- auf Drittansprecher 193 N 28

Rücksendung
- der mangelhaften Ware beim Distanzkauf 206 N 25
- Recht und Pflicht des Käufers 204 N 19, 20

Rücktritt
- des Käufers vom Vertrag
- – bei Verzug des Verkäufers 190 N 32 ff; 191 N 25 ff
- – und Ausschluss der Wandelung 207 N 46 ff
- des Verkäufers vom Vertrag bei Verzug des Käufers 214 N 42 ff, 45 ff, 53 ff, 62 ff
- Schaden bei Rücktritt des Verkäufers 215 N 36 ff

Rügefrist
201 N 75 ff

Sache(n)
- andere als geschuldet s. aliud
- Bestandteile als künftige bewegliche Sachen 187 N 18 ff

Sache(n) (Fortsetzung)
- bewegliche, Gutglaubensschutz 192 N 32
- bewegliche, körperliche 187 N 17
- erhoffte Sache als Kaufobjekt 184 N 27
- Haupt- und Nebensache, Wandelung 209 N 5 ff
- künftige Sache als Kaufobjekt 184 N 26
- Übertragung unkörperlicher Sachen 184 N 64

Sachgesamtheiten, einheitliche
- Abstellen auf wirtschaftliche Einheit beim Verkauf 187 N 34
- obligatorische Verträge über Sachgesamtheiten 184 N 21

Sachgewährleistung
- Abgrenzung zur Rechtsgewährleistung 192 N 18 ff; VB 197–210 N 5
- als Kausalhaftung VB 197–210 N 7
- Ausschluss
- – bei Kenntnis des Käufers von den Sachmängeln 200 N 6 ff
- – bei schuldhafter Unkenntnis 200 N 11 ff
- Bedeutung, Begriff VB 197–210 N 4 ff
- bei Fehlen
- – vorausgesetzter Eigenschaften 197 N 51 ff
- – zugesicherter Eigenschaften 197 N 41
- Gewährleistungswahlrecht 205 N 7 ff, 45 ff
- kein Ausschluss bei
- – absichtlicher Täuschung 200 N 26
- – Zusicherung von Mängelfreiheit 200 N 24
- Minderung 205 N 16 ff, 58 ff
- und nachträgliche Unmöglichkeit der Leistung VB 197–210 N 36 ff
- und Produktehaftpflicht VB 197–210 N 74 ff
- Verhältnis
- – zum Irrtum VB 197–210 N 59 ff
- – zur absichtlichen Täuschung VB 197–210 N 68 ff
- – zur anfänglichen Unmöglichkeit der Leistung VB 197–210 N 72 ff
- Verhältnis zur nicht gehörigen Erfüllung als Schlechterfüllung VB 197–210 N 20 ff
- Verzug VB 197–210 N 32 ff
- Verjährung 210 N 4 ff
- Viehwährschaftsrecht 198 N 6 ff
- Voraussetzungen 197 N 6 ff
- Wandelung 205 N 15, 49 ff
- Wegbedingung 199 N 4 ff

Sachmangel s. auch Mängel
- Abgrenzung zum Rechtsmangel 192 N 18 ff
- Bezug zur Sachgewährleistung VB 197–210 N 5

Sachmangel (Fortsetzung)
- Kenntnis des Käufers vom Sachmangel und Haftungsausschluss 200 N 6 ff
- normativer Begriff und Arten 197 N 60 ff
- Sachmängel verursachen
- – Untergang der Kaufsache 207 N 9 ff
- – Verschlechterung oder Verminderung 207 N 12
- – schuldhafte Unkenntnis des Käufers und Haftungsausschluss 200 N 11 ff

Sachverständiger
- bei der Untersuchung der Kaufsache 201 N 46, 47
- im Viehhandel als Begutachter 202 N 8

Saldotheorie
207 N 47

Sammelladungsspedition s. Sammeltransport

Sammeltransport
- Gefahrtragung 185 N 45

Schaden
- Abgrenzung zwischen unmittelbarem und weiterem Schaden 195 N 22 ff
- abstrakte Schadenberechnung bei Markt- oder Börsenpreis 191 N 41 ff; 215 N 53 ff
- Berechnung
- – allgemein 191 N 12 ff
- – mittels Deckungskauf 191 N 30 ff
- – mittels Selbsthilfeverkauf 215 N 40 ff
- besondere Berechnungsarten 191 N 30 ff
- infolge Lieferung fehlerhafter Ware
- – unmittelbarer 208 N 32 ff
- – weiterer 208 N 44 ff
- infolge teilweiser Entwehrung
- – unmittelbarer 196 N 6 ff, 13
- – weiterer 196 N 10, 14
- infolge Verzugs des Käufers
- – Rücktritt des Verkäufers 215 N 36 ff
- – Verkäufer beharrt auf nachträglicher Zahlung des Kaufpreises 215 N 15
- – Verkäufer verzichtet auf nachträgliche Leistung unter Aufrechterhaltung des Vertrages 215 N 16
- infolge vollständiger Entwehrung
- – unmittelbarer 195 N 16 ff
- – weiterer 195 N 35 ff
- nach der Austauschtheorie 191 N 17; 214 N 61
- nach der Differenztheorie 191 N 17; 214 N 61
- Verspätungsschaden 191 N 12; 214 N 17 ff

Schadenberechnung s. Schaden

Schadenersatz
- Abtretung der Ansprüche an den gefahrtragenden Käufer 185 N 71
- Ansprüche des Käufers bei
- – teilweiser Entwehrung 196 N 6 ff
- – vollständiger Entwehrung 195 N 16 ff
- – aus Rechtsgewährleistung 192 N 80
- bei Lieferung
- – fehlerhafter Ware 208 N 32 ff
- – mangelhafter Ware 206 N 23
- beim Notverkauf 204 N 37
- bei Verschlechterung oder Verminderung der Kaufsache seitens des Käufers
- – vor der Wandelung 208 N 14
- – nach der Wandelung 208 N 15
- bei Verzug des Käufers 214 N 17 ff; 215 N 8 ff
- – Festhalten des Verkäufers am Vertrag 214 N 61
- – Rücktritt des Verkäufers vom Vertrag 214 N 62
- – wegen Verspätung 214 N 51 ff
- bei Verzug des Verkäufers
- – Grundsätzliches 191 N 8 ff
- – Rücktritt des Käufers vom Vertrag 190 N 43 ff; 191 N 25 ff
- – wegen Nichterfüllung 190 N 36
- – wegen Verspätung 190 N 39 ff
- beschränkte Anwendbarkeit der kurzen Verjährungsfrist auf allgemeine Schadenersatzklagen 210 N 22
- ergänzender und Ausschluss der Wandelung 207 N 45
- Nichterfüllung der Aufbewahrungspflicht des Käufers 204 N 13

Schadenersatzbemessung
- bei Verzug des Käufers 215 N 13
- bei Verzug des Verkäufers 191 N 11

Schenkung
- Abgrenzung vom Kauf 184 N 7
- Anwendbarkeit der Viehwährschaft 198 N 19
- gemischte 184 N 166 ff
- Rechtsgewährleistung im Schenkungsrecht 192 N 37
- Streitverkündung bei der Schenkung 193 N 7
- Untersuchungs- und Mängelrügepflicht 201 N 20

Schickschuld s. Distanzkauf

Schiedsgerichtsurteil
- Gutheissung des Drittanspruchs und Rechtsgewährleistungspflicht des Verkäufers 194 N 13

Schuldbetreibung
- als Unterbrechung der Verjährung 210 N 18

Schuldnerverzug
- als Rechtsbehelf: Konkurrenz zum Rechtsbehelf der Rechtsgewährleistung 192 N 10
- bei der Annahmeverweigerung des Käufers 211 N 23

Selbsthilfeverkauf
215 N 17, 40 ff

Selbstverschulden
- des Käufers 208 N 39
- des Verkäufers 215 N 17

Sicherungskauf
184 N 80, 93

Solidargläubiger
- Wahlerklärung bei Verzug des Käufers 214 N 71

Solidarschuldner
- als Käufer im Verzug und Wahlrecht des Verkäufers 214 N 74

Speditionsvertrag
189 N 34

Spezieskauf s. Stückkauf

Staat
- als Träger privater Rechte verursacht Entwehrung 192 N 63

Stellvertretung
- Haftungsausschluss bei Kenntnis vom Sachmangel bei Stellvertreter oder Verkäufer 200 N 9

Stichproben
- bei der Untersuchung des Kaufgegenstandes durch
- - Käufer 201 N 32, 54
- - Verkäufer 208 N 49, 50

Stillschweigen
- als Annahme 211 N 56

Störungsverbot
- für den Verkäufer bei der Besitzverschaffung 184 N 70

Streitgenossenschaft
- bei der Wandelungsklage 205 N 74 ff

Streitverkündung
193 N 4 ff; 195 N 20; 208 N 41; 210 N 20

Stückkauf
- Abgrenzung aliud/Qualitätsmangel VB 197–210 N 46
- abstrakte Schadenberechnung 191 N 42
- Gefahrübergang bei Vertragsabschluss 185 N 26

Stücklauf (Fortsetzung)
- Mangel 197 N 57 ff
- Rechtsfolgen bei der Sachgewährleistung VB 197–210 N 6
- Rechtsnatur VB 197–210 N 16 ff
- Sachgewährleistung
- - und nachträgliche Unmöglichkeit der Leistung VB 197–210 N 38 ff
- - und Verzug VB 197–210 N 35

Substantiierung
- der Mängelgruppe 201 N 62 ff

Sukzessivlieferungsvertrag
- besondere Käuferpflichten bei Beanstandung des Kaufgegenstandes 204 N 38
- Einrede des nicht erfüllten Vertrages 184 N 191
- Teilwandelung 209 N 14
- Verjährungsfristen 210 N 39
- Verzug des Verkäufers 190 N 38

Suspensivbedingung
- beim Eigentumsübergang 184 N 96 ff
- beim Kauf künftiger beweglicher Sachen 187 N 19
- Gefahrtragung bei Kaufverträgen mit Suspensivbedingung 185 N 46 ff

Tagebucheinschreibung
- als resolutivbedingte Eigentumsübertragung 184 N 138

Tara
212 N 30, 32

Tatbestandsfeststellung
- bei Beanstandung der Kaufsache durch Käufer beim Distanzkauf 204 N 21 ff

Tausch
- Abgrenzung vom Doppelkauf 184 N 162
- Abgrenzung vom Kauf 184 N 7, 161
- Anwendung der kaufrechtlichen Sachgewährleistungsnormen VB 197–210 N 8
- Streitverkündung beim Tausch 193 N 7
- Untersuchungs- und Mängelrügepflicht 201 N 20

Täuschung, absichtliche
- beim Viehhandel 198 N 25, 26
- des Käufers und Verjährung der Sachgewährleistungsansprüche 210 N 71 ff
- durch Dritte 199 N 50
- kein Haftungsausschluss 200 N 26 ff
- Konkurrenz zwischen den Rechtsbehelfen der Täuschung und der Rechtsgewährleistung 192 N 11

Täuschung, absichtliche (Fortsetzung)
- Rechtsfolgen 199 N 51
- und Kenntnis des Mangels durch Käufer 203 N 10
- und Sachgewährleistung VB 197–210 N 68 ff
- und Viehwährschaftsrecht 198 N 32
- Ungültigkeit der Wegbedingung der Sachgewährleistungspflicht 199 N 5, 26 ff
- Unterlassen von rechtzeitiger Prüfung und Mängelrüge durch Käufer 203 N 5 ff

tel quel
199 N 12

Traditionsprinzip
184 N 8; 185 N 23, 25

Traditionssurrogate
184 N 62, 63; 192 N 40; 210 N 38

Transport
- der Ware beim Distanzkauf 189 N 26 ff

Transportgarantie
185 N 86

Transportkosten
- bei Bringschuld 189 N 17
- bei der Francoklausel 185 N 84
- bei der Locoklausel 185 N 83
- beim Distanzkauf, grundsätzlich 189 N 42 ff
- für Transport des Kaufgegenstandes zum Erfüllungsort 188 N 19

Transportrisiko
185 N 84

Transportversicherung
189 N 37

Transportvertrag, öffentlich-rechtlicher
189 N 34, 35

Treu und Glauben
- als Entstehungsgrund der Offenbarungspflicht 199 N 42, 43

Übergabe des Kaufobjekts
- an den Käufer als Voraussetzung der Rechtsgewährleistung 192 N 38 ff
- Kostentragung 188 N 11 ff
- Pflicht zur Übergabe an den Käufer oder Stellvertreter 184 N 46
- Unterschied zur Ablieferung 184 N 39

Übergang der Gefahr s. Gefahrübergang

Übertragung
- des Besitzes 184 N 34 ff, 59 ff
- von Eigentum 184 N 90 ff

Übervorteilung
192 N 71, 72; 199 N 52

Umgestaltung
- des Kaufgegenstandes durch den Käufer 207 N 27 ff, 42

Umsatz als Endziel des Kaufs
184 N 6

Unerlaubte Handlung
- Verhältnis zum Viehwährschaftsrecht 198 N 29
- Verhältnis zur Sachgewährleistung VB 197–210 N 53 ff
- Wirkung der Wegbedingung der Gewährleistung auf die Haftung wegen unerlaubter Handlung 199 N 24

Unerschwinglichkeit der Leistung
206 N 14

Ungerechtfertigte Bereicherung
- Anwendbarkeit der Vorschriften beim Rückforderungsanspruch des Käufers infolge vollständiger Entwehrung 195 N 10
- bei Abtretung der Kaufpreisforderung an einen Dritten 195 N 13
- eingeschränkte analoge Anwendung bei der Wandelung bezüglich Kaufpreis 208 N 26 ff

Unkenntnis, schuldhafte
- von den Sachmängeln, Begriff 200 N 12 ff
- Voraussetzung der groben Fahrlässigkeit 200 N 16 ff

Unmöglichkeit der Leistung
- anfängliche objektive 192 N 78
- nachträgliche
- – qualitative bei Lieferung einer mangelhaften Spezieskaufsache VB 197–210 N 39
- – und Sachgewährleistung VB 197–210 N 36 ff
- – unverschuldete, Gefahrtragungsregel 185 N 13
- – verschuldete 192 N 78

Unterbrechung
- der Verjährung 210 N 16 ff

Untergang
- der Kaufsache
- – durch Sachmängel 207 N 9 ff
- – durch Verschulden des Käufers 207 N 13 ff
- – durch Zufall 207 N 35 ff; 208 N 16
- des Klagerechts infolge Verjährung 210 N 64 ff

Unterlassungspflichten
- zur Besitzverschaffung 184 N 58
- zur Eigentumsverschaffung 184 N 133 ff

Untersuchung des Kaufobjekts
- als Obliegenheit 200 N 16; 201 N 5
- Art und Umfang 201 N 45 ff
- Grundsätzliches 201 N 21 ff
- Kosten 188 N 20; 201 N 59 ff
- Ort 201 N 23 ff
- Zeitpunkt und Frist 201 N 33 ff

Urteilsfähigkeit
- zur Erklärung oder Entgegennahme der Mängelrüge 201 N 98

Verarbeitung
- der Ware zwecks Untersuchung 201 N 50

Veräusserungstheorie
- als Gefahrtragungsregel 185 N 23

Verbrauch
- der Kaufsache als Wandelungsverzicht 207 N 42
- der Ware zwecks Untersuchung 201 N 50

Verbrauchssteuern
189 N 63

Verfalltag
- bestimmter 190 N 13, 21

Verfalltagsgeschäfte
214 N 32

Verfügungsmacht
- Übergang eingeschränkter 184 N 92 ff
- Übergang uneingeschränkter 184 N 91

Verjährung
- bei vollständiger Entwehrung der Kaufsache 195 N 14
- der Rechtsgewährleistungspflicht 192 N 82 ff
- der Sachgewährleistung 210 N 4 ff
- – bei absichtlicher Täuschung des Käufers 210 N 71 ff
- – Unterbrechung 210 N 16 ff
- – Verkürzung 210 N 44
- – Verlängerung 210 N 43, 47 ff
- von Forderungen für Wirtschulden 186 N 26

Verkauf
- eines Unternehmens (Gerichtspraxis)
- – Mangel 197 N 84
- – Zusicherung einer ökonomischen Eigenschaft 197 N 47
- mehrfacher, insbesondere Gefahrtragungsregel 185 N 80
- von Waren, Gerichtspraxis zur Sachgewährleistung 197 N 49, 90 ff

Verkäufer
- als selbständiger Besitzer 184 N 74

Verkäufer (Fortsetzung)
- Besitzverschaffungspflicht 184 N 16 ff
- Eigentumsverschaffungspflicht 184 N 77 ff
- Leistungspflicht
- – grundsätzlich 184 N 10 ff
- – unpersönliche 184 N 47
- Kostentragung für
- – Lagerung bis zur Erfüllungszeit 188 N 19
- – Messen, Wägen und Verpackung 188 N 11, 13 ff
- – Transport des Kaufgegenstandes zum Erfüllungsort 188 N 19
- – Zoll 188 N 19
- Nachbesserungsrecht 205 N 43
- Nachlieferungsrecht 206 N 19 ff
- Nebenpflicht zur Versenkung der Ware beim Distanzkauf 189 N 14, 20
- Pflicht bei der Wandelung
- – zur Rückgabe des Kaufpreises 208 N 25 ff
- – zu Schadenersatz 208 N 32 ff
- Rechtsfolgen des Verzugs 190 N 4 ff
- Rechtsstellung nach
- – Besitzverschaffung 184 N 74 ff
- – Eigentumsverschaffung 184 N 148
- – Kaufpreiszahlung 184 N 221
- Rechtsverschaffungspflicht 192 N 6
- Schadenersatzpflichtg bei Verzug 191 N 8 ff
- Verantwortlichkeit für richtiges Übermitteln der Mängelrüge 201 N 92
- Verschweigen des Mangels
- – bei tatsächlicher Kenntnis des Käufers 200 N 10
- – trotz Offenbarungspflicht 199 N 35 ff

Verkäuflichkeit
- der Ware als vorausgesetzter Gebrauch 197 N 73

Verkäuflichkeitspreis
212 N 8; 215 N 56

Verkehrsfähigkeit
- als Eignung zum Kaufgegenstand 184 N 19

Verlad der Ware
189 N 32

Verladekosten
189 N 48

Verlagsvertrag
- Anwendung der kaufrechtlichen Rechtsgewährleistungsnormen 192 N 37

Verpackung
- Arten 212 N 24 ff
- Begriff nach Art. 212 II: 212 N 20 ff

Verpackung (Fortsetzung)
- Grundsätzliches 189 N 28 ff
- Kosten für Verpackung zum Versand 189 N 51 ff
- Kostentragung 188 N 13
- nicht vertragsgemässe 188 N 14 ff
- Rückgabepflicht des Käufers 188 N 16

Verrechnung
- bei Austausch- und Differenztheorie 191 N 18
- bei Minderung 205 N 30
- bei vollständiger Entwehrung der Kaufsache 195 N 12
- bei Wandelung 208 N 28
- Einrede bei Gewährleistungsansprüchen 210 N 68 ff

Verschulden
- als Schadenersatzvoraussetzung 215 N 8
- des Käufers
- – beim Untergang der Kaufsache 207 N 13 ff
- – beim Verzug als Voraussetzung des Schadenersatzanspruches des Verkäufers 214 N 64; 215 N 9 ff
- – bei wesentlicher bzw. unwesentlicher Verminderung oder Verschlechterung 207 N 22 ff, 26
- – im Entwehrungsprozess 193 N 16
- des Verkäufers
- – bei Lieferung fehlerhafter Ware 208 N 34, 44, 46 ff
- – beim Untergang einer mit Rechtsmangel behafteten Kaufsache 192 N 79
- – beim Verzug 190 N 37; 45; 191 N 8
- – bei vollständiger Entwehrung der Kaufsache 195 N 8, 35
- grobes, Ungültigkeit des Haftungsausschlusses bei Vertragsabschluss 199 N 6
- Verschuldensunabhängigkeit des Verzugs 214 N 33

Verschuldenshaftung s. Verschulden

Verschweigen
- Begriff 199 N 29
- des Mangels durch Verkäufer
- – bei tatsächlicher Kenntnis des Käufers 200 N 10
- – trotz Offenbarungspflicht 199 N 35
- – trotz Wissen um die Unkenntnis des Käufers 199 N 44
- fahrlässiges 199 N 46
- Typisierung des arglistigen Verschweigens 199 N 32 ff

Versendung der Ware
184 N 43 ff; 189 N 7 ff, 14, 16, 18, 26 ff

Versendungskauf s. Distanzkauf

Versendungsort
184 N 44; 189 N 9

Versendungstermin, bestimmter
190 N 25

Versicherung der Ware
185 N 70

Verspätung
- Schadenersatz 190 N 39 ff; 191 N 12; 214 N 17 ff

Vertrag
- Auflösung bei
- – gänzlicher Entwehrung 195 N 5
- – teilweiser Entwehrung 196 N 12
- Aufrechterhaltung unter Verzicht des (Ver-)Käufers auf nachträgliche Erfüllung 191 N 13 ff, 22; 214 N 42
- dinglicher 184 N 12
- echter zugunsten eines Dritten und Wahlrecht des Verkäufers bei Verzug des Käufers 214 N 76
- Rechtsfolgen der Genehmigung bei Preisminderungsklage VB 197–210 N 71
- Rücktritt des Käufers vom Vertrag
- – grundsätzlich 190 N 43 ff
- – Schadenberechnung 191 N 22, 25 ff
- Rücktritt des Verkäufers vom Vertrag
- – bei Verzug des Käufers 214 N 42 ff, 45 ff, 53 ff, 62 ff
- – Schaden 215 N 36 ff
- suspensivbedingter, Verjährung 210 N 40

Vertragsfreiheit
184 N 4

Vertragsinteresse, negatives
- als unmittelbarer Schaden 195 N 31 ff
- Begriff 191 N 25
- bei teilweiser Entwehrung 196 N 14
- bei Verzug des Käufers 214 N 60 ff, 63; 215 N 36 ff
- bei Verzug des Verkäufers 190 N 43 ff; 191 N 25 ff
- bei vollständiger Entwehrung 195 N 34
- Verhältnis zum positiven Vertragsinteresse 191 N 26 ff

Vertragsinteresse, positives
- als weiterer Schaden 195 N 31 ff
- bei Lieferung fehlerhafter Ware 208 N 45
- bei Minderung 208 N 54

Sachregister

Vertragsinteresse positives (Fortsetzung)
- bei Verzug des Käufers 214 N 60 ff; 215 N 16
- bei Verzug des Verkäufers im kaufmännischen Verkehr 190 N 36; 191 N 13
- bei vollständiger Entwehrung der Kaufsache 195 N 8, 35 ff
- Berechnung nach der Austauschtheorie 191 N 23
- besondere Berechnungsarten mittels Dekkungskauf und bei Markt- oder Börsenpreis 191 N 30 ff
- Verhältnis zum negativen Vertragsinteresse 191 N 26 ff

Verwendungen
- Ersatz der für den Kaufgegenstand gemachten Verwendungen
- – bei vollständiger Entwehrung 195 N 16 ff
- – bei Wandelung 208 N 40

Verwirkung
210 N 67

Verzicht
- des Käufers auf
- – Lieferung bei Verzug des Verkäufers 190 N 36 ff; 191 N 13 ff
- – Wandelung 207 N 40 ff
- Verkäufers auf schuldnerische Leistung bei Verzug des Käufers 214 N 42; 215 N 36 ff

Verzug
- des Käufers
- – Grundsätzliches 214 N 16 ff; 29 ff
- – mit der Rückgabe des Kaufgegenstandes bei der Wandelung 208 N 12
- – Schadenersatzpflicht 215 N 8 ff
- – Verhältnis von Art. 107 und 214: 214 N 13 ff
- des Verkäufers
- – Konkurrenz der Rechtsfolgen Verzug/teilweise Entwehrung 196 N 16
- – Schadenersatzpflicht 191 N 8 ff
- – und Sachgewährleistung VB 197–210 N 32 ff
- – Verhältnis der Sondernorm für den kaufmännischen Verkehr zu den allgemeinen Verzugsnormen 190 N 9 ff
- – Wahlrecht des Käufers 190 N 32 ff

Viehhandel
- absichtliche Täuschung 198 N 25 ff; 202 N 9
- Ausnahme von der Formfreiheit 197 N 25
- gewährleistungsrechtliche Sonderbehandlung 198 N 6 ff

Viehhandel (Fortsetzung)
- Mängelrüge und Tatbestandsfeststellung
- – allgemein 202 N 7 ff
- – bei der Trächtigkeitsgarantie 202 N 13 ff
- Rechtsfolgen der Sachgewährleistung 202 N 17
- Sachgewährleistung und Grundlagenirrtum VB 197–210 N 66 ff
- Verhältnis Viehwährschaftsrecht zu
- – absichtlicher Täuschung 198 N 32
- – allgemeinen Normen über nichtgehörige Vertragserfüllung 198 N 28
- – Grundlagenirrtum 198 N 30 ff
- – unerlaubter Handlung 198 N 29
- Verordnung betreffend das Verfahren bei der Gewährleistung im Viehhandel 202 N 4 ff

Viehwährschaft s. Viehhandel

Vindikation
- der Kaufsache
- – bei Rücktritt des Verkäufers infolge Verzug des Käufers 214 N 68
- – bei Wandelung 208 N 8 ff

Vorbehalt kantonalen Rechts s. kantonales Recht

Vorspiegelung
- nicht bestehender Eigenschaften durch Verkäufer 199 N 47 ff

Vorteil, faktischer
- Einräumung durch Kauf 184 N 23

Wahlobligation
185 N 78

Wahlrecht
- Auslegung der Wahlerklärung des Verkäufers 214 N 70
- Beschränkung des Wahlrechts des Käufers bezüglich Gewährleistungsansprüche 199 N 15
- des Käufers bei Verzug des Verkäufers 190 N 32 ff
- des Verkäufers bei Verzug des Käufers 214 N 19 ff
- Gewährleistungswahlrecht des Käufers 205 N 7 ff, 45 ff
- – gesetzliche Beschränkung 205 N 49 ff
- – vertragliche Beschränkung 205 N 63 ff

Wandelung
- Ausschluss 205 N 49 ff
- Ausschluss und
- – ergänzende Schadenersatzansprüche 207 N 45

Wandelung (Fortsetzung)
- – Grundlagenirrtum 207 N 48
- – Rücktritt vom Vertrag 207 N 46, 47
- Begriff 205 N 15
- bei Annahmeverweigerung 204 N 10
- bei Untergang der Kaufsache 207 N 9 ff, 13 ff, 35 ff
- bei Verschlechterung oder Verminderung der Kaufsache 207 N 12, 22 ff, 26, 39
- Durchführung allgemein 208 N 6 ff
- Einrede 210 N 70
- Klageänderung 205 N 69
- Mehrheit von Kaufsachen 209 N 5 ff
- Schadenersatzpflicht
- – des Käufers wegen Verminderung oder Verschlechterung der Kaufsache 208 N 14 ff
- – des Verkäufers 208 N 32 ff
- Teilwandelung 209 N 13
- Umfang der Substantiierung der Mängelrüge 201 N 64
- Umgestaltung der Kaufsache 207 N 27 ff, 42
- Verjährung der Ansprüche aus vollzogener Wandelung 210 N 31
- Verzicht
- – des Käufers 207 N 40 ff
- – durch Minderungsklage 205 N 67
- Verzug des Käufers 208 N 12
- Weiterveräusserung der Kaufsache 207 N 31 ff, 41

Ware s. auch Kaufgegenstand
- als Fremdwährung 184 N 211
- als individualisiertes Geld 184 N 159 ff
- als Objekt des Kaufvertrages 184 N 18
- Ausscheidung beim Genuskauf 185 N 27 ff
- Begriff gemäss Art. 212 II: 212 N 17 ff
- Ersatzware beim Deckungskauf 191 N 37
- Gewicht bestimmt Kaufpreis 212 N 30 ff
- Schadenersatz bei Lieferung fehlerhafter Ware 208 N 32 ff
- Transport beim Distanzkauf 189 N 26 ff
- unvertretbare und Mangel 197 N 59
- Verkauf, Gerichtspraxis bei
- – Mängeln 197 N 90 ff
- – zugesicherten Eigenschaften 197 N 49
- Verlad 189 N 32
- Verpackung 189 N 28 ff
- Versendung 184 N 43, 44; 189 N 7 ff, 14, 16, 18, 26 ff
- Versicherung 185 N 70

Ware (Fortsetzung)
- vertretbare und Mangel 197 N 58

Warenpapier
- Übertragung 184 N 63; 192 N 40

Wasserrechte
187 N 13

Wegbedingung
- der Gewährleistung
- – für zugesicherte Eigenschaften 199 N 20
- – Wirkung auf die einseitige Unverbindlichkeit des Vertrages wegen Grundlagenirrtums 199 N 25
- – Wirkung auf die Haftung wegen nichtgehöriger Erfüllung und unerlaubter Handlung 199 N 24
- der Rechtsgewährleistung 192 N 68 ff
- der Sachgewährleistung 199 N 9 ff
- Ungültigkeit der Wegbedingung der Gewährleistung
- – bei arglistiger Täuschung 199 N 5, 26 ff
- – wegen Haftung für grobes Verschulden bei Vertragserfüllung 199 N 6
- – wegen Verstosses gegen die guten Sitten oder wegen Übervorteilung 199 N 52

Weiterveräusserung
- der Kaufsache durch Käufer
- – in Kenntnis des Mangels 207 N 41
- – ohne Kenntnis des Mangels 207 N 31 ff

Werkvertrag
- Anwendung der kaufrechtlichen
- – Rechtsgewährleistungsnormen 192 N 37
- – Sachgewährleistungsnormen VB 197–210 N 8
- Nachbesserung 205 N 33
- Streitverkündung 193 N 7
- Untersuchung und Mängelrüge 201 N 20

Wert
- des Kaufgegenstandes als nicht zusicherungsfähige Eigenschaft 197 N 36 ff
- erhebliche Wertminderung als Voraussetzung der Sachgewährleistungspflicht 197 N 75
- Minderung durch körperliche oder rechtliche Mängel des Kaufgegenstandes 197 N 60
- Minderwert des Kaufgegenstandes, Berechnungsmethoden 205 N 17 ff
- Wertbestimmung der mängelfreien Sache 205 N 23 ff
- wirtschaftlicher von Wertpapieren und Haftung 197 N 48, 86

Wertpapiere
- Gerichtspraxis
- - zur Sachgewährleistung 197 N 85 ff
- - zu zugesicherten Eigenschaften 197 N 48
- Kauf darin verbriefter Rechte 187 N 23
- Veräusserung 187 N 28

Wertsicherungsklauseln
184 N 177

Wirtschaftsgesetze s. kantonale Wirtschaftsgesetze

Wirtszeche
186 N 13 ff

Zahlungsarten
184 N 210 ff

Zahlungskonditionen
184 N 176

Zahlungsmodus
184 N 237, 240

Zeche s. Wirtszeche

Zechprellerei
186 N 18 ff

Zinsen
- allgemeine Verzinslichkeit des Kaufpreises 212 N 7 ff
- bei Rückerstattung des Kaufpreises infolge vollständiger Entwehrung 195 N 9
- Verzugszinsen bei Verzug des Käufers 215 N 15

Zivile Erträgnisse
185 N 68

Zoll
- Kosten für Zölle beim Transport zum Erfüllungsort 188 N 19
- Kosten für Zölle, Steuern und Gebühren beim Transport vom Erfüllungs- zum Bestimmungsort 189 N 49 ff

Zufall
- Begriff 185 N 7
- verursacht
- - Untergang der Kaufsache 207 N 35 ff; 208 N 16
- - Verminderung oder Verschlechterung der Kaufsache 207 N 39

Zugehör
- als Nebensache 209 N 7
- rechtliches Schicksal 187 N 22
- Umfang der Besitzverschaffungspflicht 184 N 30
- Verpackung als Zugehör 212 N 22

Zug-um-Zug-Leistung
206 N 25; 208 N 11; 211 N 50
- als Grundsatz 184 N 183 ff; 213 N 4 ff

Zusicherung einer Eigenschaft
- Abgrenzung gegen
- - Anpreisung 197 N 15 ff
- - Garantievertrag 197 N 20
- - vertraglich unverbindliche Erklärungen 197 N 14 ff
- als rechtsgeschäftliche Garantieübernahme 197 N 12 ff
- Begriff und Rechtsnatur 197 N 6 ff
- bei Verkauf durch mehrere Verkäufer 197 N 29
- durch Dritte 197 N 30
- Form 197 N 21 ff
- kein Haftungsausschluss bei Zusicherung von Mängelfreiheit 200 N 24 ff

Zwangsversteigerung
- Rechtsgewährleistung 192 N 36